KB159308

동물권을 묻는 십대에게

동물권을 묻는 십대에게

고통과 행복을 느끼는 모든 존재가 더불어 살기 위한 또 하나의 권리 이야기

세상을 묻는 십대

초판 1쇄 인쇄 2023년 3월 15일
초판 1쇄 발행 2023년 3월 24일

글쓴이	전범선
그린이	안난초
펴낸이	이영선
책임편집	김영아

편집	이일규 김선정 김문정 김종훈 이민재 김영아 이현정 차소영
디자인	김회량 위수연
독자본부	김일신 정혜영 김연수 김민수 박정래 손미경 김동욱

펴낸곳 서해문집 | 출판등록 1989년 3월 16일(제406-2005-000047호)
주소 경기도 파주시 광인사길 217(파주출판도시)
전화 (031)955-7470 | 팩스 (031)955-7469
홈페이지 www.booksea.co.kr | 이메일 shmj21@hanmail.net

ISBN 979-11-92085-94-4 43300

고통과 행복을
느끼는
모든 존재가

더불어 살기 위한
또 하나의
권리 이야기

동물권을 묻는 십대에게

전범선 글
안난초 그림

서해문집

차례

자기만의
Why

동물에게도 권리가 있다고?
그걸 내가 왜 알아야 하지? · 6

자기만의 Why

동물에게도 권리가 있다고?
그걸 내가 왜 알아야 하지?

고기와 얽힌 우리의 경험을 다시 생각해보자!

그동안 우리는 고기와 생선을 먹으며 사랑하는 사람과
많은 추억을 만들고 타인 간의 관계를 돈독히 했어요.
이제 우리는 동물과의 관계에 대해 생각해보아야 해요.
동물권을 인정함으로써 변화될 우리 삶을 진지하게 준비할
시기가 온 것입니다.

동물도 고통을 느끼는 존재!

강아지, 고양이를 만나본 사람은 알 거예요. 비인간 동물도 아픔과
슬픔을 느낍니다. 우리가 먹기 위해 죽이는 소, 돼지, 닭도 마찬가지예요.
사람과 똑같이 삶의 욕구가 있고, 사는 동안 더 행복하길 바랍니다. 단지
인간이 아니라는 이유로 그들의 고통을 무시해서는 안 될 거예요.

동물이 아프면 나도 아프다!

코로나19가 왜 창궐했을까요? 인간이 동물을 잡아먹으려고
학대하다가 돌연변이가 발생했기 때문이에요. 광우병, 조류
인플루엔자, 메르스, 에볼라 같은 인수공통감염병으로 인간이
아프게 된 건 바로 인간이 동물을 아프게 해서예요. 지구 뭇
생명의 건강은 하나로 연결되어 있습니다. 공장식 축산은
기후위기의 주범이기도 해요. 동물에게 해로운 것이 지구에게도,
인간에게도 해로울 수밖에 없습니다. 반대로 동물을 살리는
채식은 지구도 살리고 인간도 살리는 건강식입니다.

우리는 모두 동물이다!

인간은 왜 인권이 있을까요? 그저 인간이기 때문에
권리가 있는 걸까요? 우리는 모두 인간이기 전에
동물입니다. 그리고 동물이기 때문에 생명, 자유,
행복을 추구합니다. 인간중심주의와 종차별은
남성중심주의와 성차별, 백인중심주의와 인종차별과
똑같은 오류입니다. '우리'의 범위를 어디까지 넓혀야
할지 함께 고민해봐요!

중학생 때로 기억합니다. 아버지가 저를 어느 식당으로 데리고 갔습니다. 수육을 시켜 먹었죠. 비린내가 좀 나긴 했지만 맛있게 먹었습니다. 그릇을 반쯤 비웠을 때, 아버지가 비장하게 말했습니다.

"사실 이건 개고기다."

저는 역했습니다. 어릴 적 우리 집은 강아지를 키웠습니다. '이쁘'라는 이름의 귀여운 시츄였습니다. 심장사상충으로 죽을 때까지 저의 동생이자 엄연한 우리 가족의 일원이었죠. 이

삐를 그렇게 예뻐하던 아버지가 왜 개를 먹을까? 혼자 먹지 않고 왜 나에게 권할까? 더 이상한 것은 거북한 마음을 누르고, 수육을 다 먹고 나니, 마치 어른이 된 듯한, 진정한 남자가 된 것 같은 기분이 들었습니다. 아버지처럼 개고기를 아무렇지 않게 먹어야 어엿한 성인으로 인정받으리라! 일종의 통과의례처럼 여기고 말았습니다.

이삐를 생각해서라도 개고기를 먹으면 안 되지 않냐고 묻자, 아버지는 이 개랑 이삐는 다르다고 했습니다. 먹기 위해 키우는 개는 '똥개'고, 이삐는 애완동물이라고 했습니다. 그렇게 따지면 돼지고기는 먹으면서 개고기는 왜 안 되느냐고 되물었습니다. 세상에는 그냥 먹는 동물이 있고 안 먹는 동물이 있다고 했습니다. 저는 그럼에도 불구하고 다시는 개고기를 먹지 않겠다고 다짐했고, 실제로 그랬습니다.

하지만 개고기를 먹는 사람은 그럴 수도 있다고 생각했습니다. 제가 아버지를 비난할 용기가 없었기 때문일 수도 있습니다. 프랑스의 유명 배우 브리지트 바르도가 한국인은 개고기를 먹기 때문에 야만스럽다고 욕하자 저는 분노했습니다.

유럽인이 소고기, 돼지고기, 닭고기, 심지어 말고기를 먹는 것은 괜찮고 한국인이 개고기를 먹는 것만 문제가 될 이유는 없었습니다. 이것이야말로 문화 제국주의이기 때문에 한국인의 명예를 걸고서라도 옹호해야 했습니다. 저는 개인적인 이유로 개고기를 먹지 않지만 개고기를 먹는 아버지를 비롯한 수많은 한국인이 미개하다고 보지 않았습니다. 제가 소고기, 돼지고기, 닭고기를 먹는 것과 다를 바 없었습니다.

미국 다트머스 대학교 2학년 재학 시절, 멜라니 조이라는 심리학자가 학교에 방문했습니다.《우리는 왜 개는 사랑하고 돼지는 먹고 소는 신을까》의 저자이고, 같은 주제로 강연을 했습니다. 조이는 '육식주의'라는 말을 처음 만든 사람입니다. 그는 육식주의가 자본주의, 가부장제와 같이 우리 사회를 지배하는 이데올로기 중 하나라고 했습니다. 인간은 대부분 동물을 좋아하지만 동물을 먹기도 좋아하는 사실에 주목하며 이를 '인지 부조화'(본문 133쪽 참고)라고 설명했습니다. 골든 리트리버 고기를 먹는 게 끔찍하면 다른 고기도 먹지 않는 것이 일관적이라고 주장했습니다.

마침 피터 싱어의 《동물 해방》을 읽고 내적 갈등을 겪고 있던 저는 조이의 강연을 찾아갔습니다. 한국인임을 밝히고 당당히 반박하려 했습니다. 우리는 개도 먹고, 돼지도 먹고, 소도 먹는 민족이다! 당신이 말하는 인지 부조화는 적어도 한국인에게는 적용되지 않는다! 채식주의도 존중받아야 하지만 육식주의 역시 존중받아야 한다!

마음을 가다듬고 자리에 앉아 강연 시작을 기다렸습니다. 드디어 멜라니 조이가 강단에 올랐고, 긴말을 하기 전에 다짜고짜 영상을 재생했습니다. 충격적인 장면이 들어있으니 심약한 사람은 보지 말라고 경고했습니다. 그 영상은 공장식 축산의 현실을 담고 있었습니다. 빽빽한 철창 속에 갇힌 채 앉지도 못하고 평생 서 있는 닭들. 콘크리트 감옥에 누워 있는 돼지들. 울부짖으며 도살장으로 끌려가는 소들. 역사 시간에 봤던 아우슈비츠 영상 자료만큼이나 끔찍했습니다. 그날도 점심으로 햄버거를 먹은 저는 역했습니다. 개고기를 먹은 것을 깨달았을 때와 비슷했습니다. 결국 저는 조이에게 아무런 반박도 하지 못했습니다. 개도 먹고 돼지도 먹고 소도 먹었다는 사실이 당당하기보다는 오히려 부끄러웠습니다.

저는 이 책에서 동물권을 주장합니다. 인간에게 인권이 있다면 동물에게는 동물권이 있습니다. 아니, 애초에 인간도 인간이라서가 아니라 동물이라서 권리가 있는 것입니다. 이유는 간단합니다. 우리가 권리를 갖는 건 고통과 행복을 느끼는 삶의 주체이기 때문입니다. 그런데 우리가 고통과 행복을 느끼는 삶의 주체인 이유는 인간이라서가 아닙니다. 동물이라서입니다. 인간이 아닌 개, 고릴라, 비둘기, 연어 같은 동물도 고통과 행복을 느끼는 삶의 주체라는 사실은 누구나 다 압니다. 따라서 우리는 인권을 확장하여 동물권을 보장해야 합니다.

2023년 현재 대한민국의 법은 인권은 옹호하지만, 동물권은 옹호하지 않습니다. 인간을 가두거나 때리거나 잡아먹는 것은 불법이지만 비인간 동물을 그리하는 것은 합법입니다. (개, 고양이 등 반려 동물을 학대하는 것은 불법이나 먹는 것은 불법이 아닙니다.) 헌법 10조는 "모든 국민은 인간으로서의 존엄과 가치를 가지며, 행복을 추구할 권리를 가진다"고 할 뿐, 모든 동물이 존엄, 가치, 권리를 가진다고 하지는 않습니다. 이는 다른 나라도 마찬가지입니다. 스위스, 독일 등이 헌법에서 동물 보호를 명시하긴 하지만 인간과 평등한 수준의 동물권을 옹호하는 나라는 아직 없습니다.

그러므로 제가 주장하는 동물권은 아주 급진적인 이야기처럼 들릴 수 있습니다. 18세기부터 만들어진 인권 기반의 근대 문명을 넘어서 21세기에는 동물권 기반의 생태 문명으로 나아가야 한다는 입장입니다. 사소한 이야기는 아닙니다. 거창하다고 볼 수도 있고 허황되다고 여길 수도 있습니다. 하지만 역사의 흐름을 보면 당연합니다. 1776년 미국 혁명과 1789년 프랑스 혁명 이후 세계사는 권리의 주체가 확장되는 역사로 요약할 수 있습니다. 인권이라는 개념이 처음 등장했을 때,

권리의 주체는 백인 중산층 남성에게 국한되었습니다. 여성과 노동자와 유색 인종은 인간 취급을 받지 못했습니다. 하지만 인권은 점차 확장되어 오늘날에는, 적어도 이론상으로는, 모든 인간이 인권을 갖습니다. 그 확장의 역사가 인간종의 경계에서 멈출 이유가 없습니다. 곧 비인간 동물도 권리의 주체가 될 것입니다.

인권에서 동물권으로의 확장은 기후생태위기를 겪고 있는 우리 세대에게 필수입니다. 저는 1991년생입니다. 앞으로 70년은 더 살고 싶습니다. 현대 의학 덕분에 충분히 가능합니다. 하지만 인류가 지난 백 년처럼 인간 중심적으로 살아간다면 문명 자체가 존속할 수 있을지 의문입니다. 기후위기의 원인은 석탄, 석유, 가스 등 화석 연료와 공장식 축산에서 배출되는 탄소입니다. 생태위기의 원인은 개발로 인한 열대우림, 산, 바다 등 동식물 서식지 파괴입니다. 둘 다 인간이 지구상의 다른 존재를 무한히 착취할 권리가 있다고 믿어서 발생했습니다. 인간만 권리가 있고 비인간 동물, 식물, 무기물 등은 권리가 없다는 생각은 교만할 뿐만 아니라 지속 불가능합니다.

다시 한번, 과거에는 인간 중에도 왕이나 귀족, 백인 남성 등 일부만 권리를 향유했다는 점을 상기해야 합니다. 우리는 이제 그것을 특권이라 비판합니다. 인권도 분명 특권입니다. 기후생태위기 대응을 선도하는 뉴질랜드는 2017년 원주민 마오리족이 신성시하는 타라나키산에게 법인격과 권리를 부여했습니다. 대한민국도 인권을 넘어 동물권, 생명권으로 나아가는 상상력이 필요합니다. 물론 인간과 비인간 동물, 식물, 무기물이 갖는 권리의 세부 내용은 다를 수밖에 없습니다. 여성과 남성, 어린이와 노인의 권리가 조금씩 다른 것과 마찬가지입니다. 이 책에서는 논의의 명료성을 위해 동물권까지만 다루겠습니다.

아직 인권도 완벽히 보장되지 않는데, 동물권은 시기상조라고 생각할 수 있습니다. 지금도 북한에서는 사람이 굶고, 남한에서는 여성, 성소수자, 장애인, 이주 노동자 등의 인권이 침해당하는 일이 다반사입니다. 하지만 권리 운동의 역사에서 '시기상조'라는 말은 언제나 억압의 도구로 쓰여 왔습니다. '동성애에 대한 사회적 논의가 부족하다', '한국인도 힘든데 외국인까지 신경 쓸 여유가 없다'는 둥 차별을 정당화하는 핑계였

습니다. 모두 자유롭기 전까지 아무도 자유롭지 않다는 진리
는 인간에게만 적용되는 것이 아닙니다. 기후생태위기가 임계
점을 넘어선 현재, 동물권에 대한 논의는 시기상조는커녕 오
히려 너무 늦었습니다.

동물권은 사실 인권이 처음 등장한 18세기 말부터 자명한
논리적 귀결이었습니다. 모든 인간은 생명, 자유, 행복 추구의
권리가 있다고 믿었던 당시의 선각자들은 동물에게도 같은 논
리를 적용하지 않을 수 없다고 진작에 인정했습니다. 우리는
동물권을 말하기 전에 인권의 뿌리를 살펴보아야 합니다. 과
연 권리란 무엇일까요? 인권은 어디서 오는 걸까요? 지구상에
서 인간만 권리를 가져야 할 합당한 이유가 있을까요? 해답을
좇아 근대 문명의 시원이자 〈인간과 시민의 권리 선언〉을 외
쳤던 프랑스 혁명으로 거슬러 올라가 보겠습니다.

◇
신이 준 왕권에서
천부 인권으로

우리는 분명 인권을 갖고 있다고 배웁니다. 1948년 유엔이 채택한 세계 인권 선언이 명시했고, 같은 해 제정된 대한민국 헌법도 동의했습니다. 우리는 어머니의 배 속에서 나올 때부터, 인간이라는 이유만으로 절대 빼앗길 수 없는 권리를 지닙니다. 하지만 아무리 제 몸을 뒤져보아도 인권은 보이지 않습니다. 인권이란 제가 가슴속이나 머릿속에 품고 태어나는 것이 아닙니다. 사회가 부여해준 것이지요. 정확히는 현대 사회가 공유하는 하나의 이야기일 뿐입니다. 모두 인권이라는 이야기에 동의하기 때문에, 특히 국가가 이야기를 보장해주기 때문에 우리는 인권을 갖습니다.

태초에는 이야기가 달랐습니다. 인권이 없었습니다. 모든 인간이 권리를 지녔다니, 하늘이 웃을 일이었죠. 문명 초기에는 동서양을 막론하고 전지전능한 하늘, 신, 창조주가 군림했습니다. 중국에서는 황제가 하늘의 뜻을 받들어 천하, 즉 하늘 아래를 다스렸고, 유럽에서는 교황이 하느님의 유일한 대리인을 자처했습니다. 모든 권리는 위에서 아래로 내려왔습니다. 황제나 교황이 하늘에서 부여받은 권리를 '아랫것들'에게 나눠주는 형식이었습니다. 정치와 종교가 유착될 수밖에 없었습니다. 권력을 정당화하기 위해서는 하늘의 뜻을 해석하는 능력을 독점해야 했기 때문입니다. 절대다수의 사람은 권리가 없고 의무만 있었습니다. '윗분들'이 베풀어준 은혜에 감사해야지, 태어날 때부터 응당히 나의 것이라고 주장할 수 있는 권리란 없었습니다.

동양은 황제가 독점하는 권리가 쉽사리 무너지지 않았습니다. 중국의 천하 체제가 워낙 공고했기 때문입니다. 기원전 3세기 진시황이 천하 통일을 이룩한 이래, 왕조가 무너질 때마다 혼란이 있었지만, 곧 다시 평정되곤 했습니다. 하늘 아래 오직 황제만이 하늘의 뜻으로 지배할 권리를 가졌고, 한반도를 비롯한 변방의 왕들은 황제로부터 권리를 부여받았습니다. 조선 왕은 19세기 말까지도 중국 청나라 황제에게 즉위를 허락받아야 했습니다.

서양도 원래는 마찬가지였습니다. 기독교 세계의 모든 왕은 하느님이 내려준 권리로 백성을 다스린다고 주장했는데, 그 권리는 교황만이 부여할 수 있었습니다. 조선 왕이 중국 황제의 허락을 받듯이 영국 왕도 로마 교황의 허락을 받아야 했습니다. 하지만 서양은 동양과 달리 권력이 일찍이 분산되기 시작했습니다. 기원후 4세기 로마 제국이 동서로 나뉜 이후 다시는 통일되지 못했습니다. 11세기에는 교회도 동서로 갈라졌습니다. 그만큼 교황의 권위가 약해졌습니다. 이론상으로는 여전히 교황이 기독교 세계의 모든 왕을 임명하고 해임할 권한을 가졌지만, 실질적으로는 왕이 말을 안 들어도 어쩔 수 없었습니다.

16세기 유럽의 종교 개혁은 교황과 성직자들의 권위를 결정적으로 무너뜨립니다. 1517년 독일 신학자 마르틴 루터는 면죄부 장사를 하는 사제들을 비판하기 위해 교회 문에 〈95

개 논제)를 써 붙입니다. 하느님의 뜻을 해석하는 권위를 독점한 자들의 위선을 신랄하게 공격합니다. 루터는 세례받은 신자라면 모두 성직자처럼 성경, 즉 '하느님의 뜻'을 해석할 권리가 있다고 주장합니다. 그때까지 성경은 라틴어여서 일반인이 이해하기 어려웠습니다. 루터는 평생에 걸쳐 성경을 독일어로 번역하여 보급합니다. 인간의 구원은 사제의 권위가 아닌 개인의 신앙에 달렸다고 말합니다.

독일뿐만 아니라 유럽 각지에서 종교 개혁이 일어납니다. 1532년, 영국 왕 헨리 8세는 교황이 자신의 이혼을 허락해주지 않자, 분리 독립을 선포합니다. 대신 영국 국교회(오늘날 한국에서는 성공회로 불립니다)를 창설합니다. 이제 영국 왕은 더 이상 교황을 통해 하느님의 권리를 부여받지 않습니다. 스스로 하느님과 소통합니다. 하늘에서 권리가 내려오는 창구가 하나 더 생긴 셈이지요. 그런데 교황이 독점하던 권리를 부정한다는 것은 사실 여태껏 그에게 의존했던 왕 자신의 권리, 즉 신이 준 왕권도 부정한다는 뜻입니다. 수백 년 동안 하느님에서 교황을 거쳐 왕으로 내려오던 권리의 사슬을 끊고, 직접 새로운 줄을 연결한다면, 더 많은 연줄이 생기는 것을 막을 합당한 논리가 없습니다. 루터의 말처럼 모두가 하느님의 뜻을 직접 해석할 수 있다면, 모두가 하늘로부터 받은 권리를 주장할 수도 있는 법입니다.

영국 국교회는 스스로 개신교이자 가톨릭이라고 천명합니다. 개혁을 하지만 너무 하지는 않겠다는 뜻입니다. 왕이 이혼하고 싶어서 분리하긴 했지만 왕의 권위는 지켜야 했기 때문입니다. 미온적인 개혁에 불만을 품은 이들은 더 급진적인 개혁을 주장합니다. 바로 청교도입니다. 그들은 국교회를 더 깨끗하게 청소하고 싶어 합니다. 일부는 아예 국교회로부터 분리 독립하여 비국교도라고 불립니다. 1642년, 결국 청교도를 중심으로 잉글랜드 혁명이 일어납니다. 7년 뒤, 국왕 찰스 1세의 목이 잘립니다. 혼돈의 내전 상태에서 더 급진적인 종파가 등장합니다. 레벨러파는 평등한 자연권과 민주주의를 외치고, 디거파는 토지 공동 소유를 주장합니다. 퀘이커파는 모든 인간이 예수와 같은 신의 자식이기 때문에 평등한 권리를 갖는다고 가르칩니다. 신부나 목사의 주도 없이 각자 묵상을 통해 하느님과 소통합니다. 바야흐로 수직적인 왕권의 시대가 가고 수평적인 천부 인권의 시대가 도래한 것입니다.

대영제국의 아메리카 식민지는 처음부터 청교도와 비국교도가 주류였습니다. 1620년, 비국교도 일부가 본국의 박해를 피해 매사추세츠에 닻을 내린 후, 이주 행렬이 이어집니다. 18세기 중반에 이르러서는 대서양 연안을 따라 총 13개 식민지가 형성됩니다. 그중 펜실베이니아는 퀘이커파 지도자인 윌리엄 펜이 세운 식민지입니다. 퀘이커파가 평등과 평화를 중시하기 때문에 펜실베이니아는 다른 식민지에 비해 흑인 노예도 거의 없고 원주민에게 관대했습니다. 1774년, 또 하나의 퀘이커 노동자가 펜실베이니아 수도 필라델피아에 당도합니다. 토머스 페인은 세금을 수탈하는 본국 정부에 대한 불만으로 가득 찬 식민지 사람을 향해《상식》을 씁니다. 부조리한 왕정으로부터 독립하여 민주 공화국을 세우자고 주장합니다. 미국 역사상 인구 대비 가장 많이 팔린 책이기도 한《상식》은 단숨에 혁명의 불을 붙입니다. 1776년, 미국은 독립을 선언합니다.

페인의 절친한 친구이자 후일 제3대 미국 대통령이 되는 토머스 제퍼슨이 선언문을 씁니다.

제2장. 우리는 다음과 같은 진리를 자명하게 여긴다. 모든 인간은 평등하게 창조되었고, 창조주는 몇 가지 양도할 수 없는 권리를 부여했으며, 그 권리 중에는 생명, 자유, 행복 추구가 있다. 이 권리를 확보하기 위하여 인류는 정부를 조직했으며, 이 정부의 정당한 권력은 피지배자의 동의로부터 나온다.

모든 인간에게 권리가 있고, 정부란 그 권리를 보장하기 위해 조직되었다고 밝힌 근대 국가는 미국이 처음입니다. 그 전까지 정부란 지배자의 권리를 보장하기 위해 존재했을 뿐입니다. 16세기 교황의 권리를 부정했던 헨리 8세의 논리를 확장해 18세기 영국 왕의 권리를 부정하는 미국의 〈독립 선언〉이 탄생합니다.

미국의 영향으로 1789년, 프랑스에서도 혁명이 일어납니다. 미국 혁명에 프랑스 동맹군으로 참전했던 라파예트 후작은 친구 제퍼슨과 상의하여 〈인간과 시민의 권리 선언〉을 씁니다.

제1장. 인간은 권리에 있어서 자유롭고 평등하게 태어나고 살

아간다. 제2장. 모든 정치적 결사의 목적은 인간의 자연적이고 소멸할 수 없는 권리를 보전함에 있다.

미국 〈독립 선언〉과 마찬가지로 프랑스 〈인간과 시민의 권리 선언〉은 모든 인간이 권리를 갖는다고 명시합니다. 잉글랜드 혁명, 미국 혁명, 프랑스 혁명을 거치면서 유럽에서는 천부 인권이라는 새로운 이야기가 신이 준 왕권이라는 오래된 이야기를 대체합니다. 하느님이 교황이나 왕 같은 소수 지배자에게만 권리를 준 것이 아니라 모든 인간에게 권리를 주었다는 생각이 퍼지기 시작합니다.

✦
짐승의
권리 옹호

모든 인간이 권리를 갖는다고 믿는 순간 따라오는 질문들이 있습니다. '어디까지 인간으로 보아야 하는가?' '과연 인간다운, 인간적인 것이란 무엇인가?' 18세기 유럽과 미국에서 인간의 조건은 '이성'이었습니다. 스스로 합리적인 사고를 할 수 있는가? 권력과 권위에 기대지 않고 독립적이고 주체적인 판단을 내릴 수 있는가? 더 이성적인 인간이 더 인간적인 인간이었습니다.

미국 '건국의 아버지'들이 생각하는 '인간'이란 백인 중산층 남성까지였습니다. 말로는 '모든 인간'이라고 하지만 실제로 모든 인간을 인간 취급하지는 않았습니다. 흑인은 지능이 떨어지기 때문에 비이성적이고, 따라서 노예로 부려도 된다고 규정했습니다. 페인은 흑인도 인간이라면서 노예제 폐지를 요구하지만, 과격분자로 치부됩니다. "모든 인간은 평등하다"며 건국한 미국은 부끄럽게도 인종차별과 노예제를 헌법으로 보장합니다. 그로부터 거의 백 년 뒤, 1863년, 노예 문제로 남북이 갈라져 전쟁을 치르고 나서야 미국은 노예 해방을 선언합니다. 프랑스는 1794년 노예제를 폐지하지만 1802년 나폴레옹이 식민지에 한해서 복구합니다. 1848년, 또 다른 혁명을 거친 후에야 전면 폐지됩니다.

백인 중에서도 여성은 지나치게 감정적이라 비이성적이며, 결혼 전에는 아버지, 결혼 후에는 남편에게 경제적으로 의존하기 때문에 독립적인 결정을 내릴 수 없다고 보았습니다. 미국은 1920년, 프랑스는 1944년에야 여성의 투표권을 인정합니다. 백인 남성 중에서도 노동자는 원래 투표권이 없었습니다. 여성이 가장에게 의존하듯이 노동자는 사장에게 의존하기 때문에 독립적인 결정을 내릴 수 없다고 간주했습니다. 프랑스에서 모든 백인 남성이 투표권을 갖게 된 것은 1848년, 미국에서는 1856년입니다. 정리하자면, 미국의 〈독립 선언〉과 프랑스의 〈인간과 시민의 권리 선언〉 모두 '인권'을 보장했지만, 실제로는 중산층 이상 백인 남성만을 완전한 인간으로 보았습니다. 유색 인종, 여성, 노동자는 인권을 누리지 못했습니다. 특히 노예와 여성은 법적으로 백인 남성의 재산이었으니, 가축이나 물건과 다를 바 없었습니다.

이처럼 인종, 성별, 계급의 경계를 넘어 인권을 평등하게 적용하는 데는 아주 오랜 시간이 걸렸습니다. 물론 21세기에도 모든 인간이 평등한 권리를 보장받기 위한 투쟁을 계속하고 있습니다. 성 정체성, 장애, 나이 등 여러 이유로 인권을 보장받지 못하는 사람이 너무 많습니다. 하지만 신이 준 왕권을 부정하고 천부 인권을 주장하는 순간, 소수 인간만이 권리가 있다고 억지 부리기 힘듭니다. 위선적이고 모순적인 특권이 되기 때문입니다. 헨리 8세가 교황으로부터 독립하여 국교회를 세웠을 때, 이미 비국교도를 막을 도리는 없었습니다. 미국 혁명과 프랑스 혁명이 인권을 선언했을 때, 이미 노예 해방과 여성 해방과 노동 해방을 막을 논리도 없어졌습니다. 정부와 제도가 바뀌는 데는 시간이 더 걸렸지만, 말 그대로 시간문제였습니다.

1789년 프랑스 혁명이 일어나자, 당시 유럽 귀족은 인권이라는 개념을 비웃었습니다. 백인 중산층 남성으로 국한했지만 어쨌든 인간이라는 이유만으로 권리를 갖는다는 발상 자체가 황당했던 것입니다. 1790년 영국 정치가 에드먼드 버크는 《프랑스 혁명에 관한 성찰》에서, 왕정과 귀족 정치, 권력 세습을 옹호하며 프랑스 혁명을 비판합니다. 이 책은 오늘날 영국 보수주의의 경전으로 읽힙니다. 버크의 공격에 대항하여 토머스 페인은 《인권》을, 메리 울스턴크래프트는 《인권의 옹호》를 씁니다. 둘 다 프랑스 혁명을 적극 지지하며 영국에서도 인권을 보장해야 한다고 외칩니다. 울스턴크래프트는 여기서 한 걸음 더 나아갑니다. 최초의 페미니스트 사상가로 불리는 그는 1792년 《여성의 권리 옹호》를 펴냅니다. 여성도 인간으로서 남성과 근본적으로 같은 도덕적 권리를 가져야 한다고 주장합니다. 《인권의 옹호》만큼이나 《여성의 권리 옹호》는 요즘 우리가 읽기에 너무나 당연한 이야기로 가득 차 있습니다. 예를 들어 여성도 남성과 같이 학교에서 공부할 권리가 있다는 수준의 내용입니다. 하지만 당시에는 조롱의 대상이었습니다.

메리 울스턴크래프트

토머스 테일러는《여성의 권리 옹호》를 풍자하며《짐승의 권리 옹호》를 씁니다. 비이성적인 여성에게 권리가 있다면 짐승에게도 권리가 있느냐며 비아냥거립니다. A가 참이라면 B도 참인데, B는 말도 안 되니 당연히 A도 거짓이라는 귀류법을 이용합니다. 18세기 보수주의자에게 여성권은 동물권만큼이나 황당무계했던 모양입니다.

하지만 동시대 영국의 대표적인 진보주의자 제레미 벤담에게는 그렇지 않았습니다. 백인 남성에게 권리가 있다면 당연히 흑인과 여성에게도 권리가 있었습니다. 또한 동물도 마땅히 권리를 가져야 했습니다. 프랑스 혁명이 일어난 1789년,《도덕과 입법의 원리 서설》에서 벤담은 이렇게 예측합니다.

동물도 권리를 얻는 날이 올 수 있다. 프랑스인들은 이미 피부가 검다는 이유로 누군가 고통받아서는 안 된다는 것을 깨달았다. 언젠가는 다리 개수, 털의 양, 꼬리 유무 등을 이유로 누군가 고통받아서는 안 된다는 것을 인정할 날이 올 수도 있다. 과연 무엇을 기준으로 권리의 선을 그을 것인가? 이성인가, 언어인가? 다 큰 말이나 개는 하루, 일주일, 한 달 된 아기보다 더 이성적이며 소통 가능한 동물이다. 그렇지 않다고 해도 무슨 상관인가? 문제는 그들이 생각할 수 있는가, 말할 수 있는가가 아니다. 고통을 느낄 수 있는가이다. 느끼는 모든 존재를 법이 보호하지 않을 이유는 무엇인가? … 인류가 숨 쉬는 모든 이들에게 책임을 확장할 때가 올 것이다.

벤담은 인간이 쾌락과 고통을 느끼는 능력, 즉 쾌고 감수 능력을 지녔기 때문에 행복을 추구할 권리를 갖는다고 믿었습니다. 그에게 행복이란 상대적인 개념입니다. 고통의 부재가 곧 쾌락이요, 쾌락이 곧 행복입니다. 근대 공리주의의 아버지로 불리는 그는 모든 도덕과 입법의 원리를 바로 이 지각력, 다시 말해 고통과 행복을 느끼는 능력에서 찾았습니다. 고통을 최소화하고 행복을 극대화하는 것이 공리주의의 목적입니다. 벤담은 인간뿐만 아니라 비인간 동물도 쾌고 감수 능력을 갖추고 있다는 사실을 인정했습니다. 따라서 동물권의 법적인 보장은 그에게 시간문제였습니다. 테일러에게는 말도 안 되는 헛소리에 불과했지만, 벤담은 진지하게 미래를 내다본 것입니다.

21세기를 살고 있는 우리에게 인권은 공기처럼 익숙합니다. 여성권도 마찬가지입니다. 테일러의 비아냥은 이제 역사의 웃음거리로 전락했습니다. 울스턴크래프트가 승리했습니다. 여성도 남성처럼 학교에 가고 투표를 하는 것이 당연한 세상입니다. 오늘날 누군가 "여성은 감성적이기 때문에 남성과 평등한 권리를 누릴 수 없다"고 주장한다면 그 사람은 구시대적인 유물로 여겨질 것입니다. 하지만 동물권은 여전히 보장받지 못하고 있습니다. 19세기와 20세기 여성권이 받았던 냉소를 지금은 동물권이 받고 있습니다. 저는 21세기가 끝나기전, 동물권도 인권처럼 당연해질 거라 확신합니다. 벤담의 예언이 이뤄질 거라 믿습니다. 소수가 독점했던 권리가 점점 다수에게 확장해가는 것이 역사의 흐름이기 때문입니다.

✦
우리는 모두
동물이다

아무리 그래도 인권과 동물권은 엄연히 다르다고 생각할 수 있습니다. 여성과 남성의 차이, 흑인과 백인의 차이를 인간과 동물의 차이와 비교해서는 안 된다고 볼 수 있습니다. 성별과 인종과 계급에 상관없이 인권을 적용하는 것은 맞지만, 종의 경계를 넘어서 동물에게까지 적용할 필요는 없다고 여길 수 있습니다. 다시 말해, 인간은 모두 평등하지만, 인간과 동물 사이에는 어떤 본질적인 차이가 존재하기 때문에 차별해도 괜찮다고 반박할 수도 있습니다. 실제로 대한민국 대부분의 사람은 현재 그렇게 믿고 행동합니다. 인간에게는 절대 하지 않을 짓을 동물에게는 서슴지 않고 합니다. 고기, 생선, 달걀, 우유를 먹고, 동물 실험한 제품을 사용합니다. 농장과 실험실과 동물원과 수족관의 잔혹한 현실을 모른 척하고 살아갑니다. 비인간 동물의 고통을 철저히 무시하고 있습니다. 2020년 한 해 동안 국내에서 식용으로 도살된 동물 수만 12억이 넘습니다. 과연 인간과 동물 사이에는 얼마나 대단한 차이가 존재하기에 우리는 이토록 거대한 학살을 정당화하는 걸까요?

인간과 동물을 구분 짓는 생각은 서양에서 매우 뿌리 깊습니다. 유대교, 기독교, 이슬람교는 신이 자신의 형상을 따서 인간을 만들었으며, 인간에게 모든 동물을 지배할 권리를 주었다고 가르칩니다. 중세의 대표적인 기독교 신학자인 토마스 아퀴나스는 동물은 이성적으로 사고할 수 없기 때문에 아무렇게 다뤄도 된다고 주장했습니다. 인간은 하느님을 닮아 영혼이 있지만, 동물은 영혼이 없으므로, 도덕적으로 고려할 필요가 전혀 없다고 했습니다. 동물을 위한 천국은 없다는 것이 교황청의 공식 입장입니다.

이러한 인간 중심적인 사고는 근대에 이르러서도 변하지 않았습니다. 과학의 기틀을 닦은 17세기 철학자 르네 데카르트는 동물을 기계와 다를 바 없다고 단정 지었습니다. 정신과 육체를 완전히 분리된 별개의 실체라고 규정하고, 동물은 정신 없이 육체만 갖고 있다고 봤습니다. 동물이 고통스럽게 울부짖는 소리는 고장 난 시계가 삐거덕거리는 소리와 같았습니다. "나는 생각한다. 고로 존재한다"는 데카르트의 유명한 말의 이면에는 "동물은 생각하지 못한다. 고로 존재하지 않는다"는 생각이 깔려 있었습니다. 데카르트의 기계론적인 세계관을 기반으로 발달한 서구 근대 과학은 과거 기독교의 인간 중심주의를 그대로 답습했습니다. 동물을 비롯한 자연을 인간이 정복하고 지배할 대상으로 간주했습니다.

서양과 달리 동양에서는 예로부터 인간과 동물을 같은 중생으로 보았습니다. '짐승'의 어원도 바로 이 '중생'입니다. 힌두교, 불교 등 고대 인도 종교는 중생이 삶과 죽음을 반복한다는 윤회 사상을 믿습니다. 죽으면 천국이나 지옥에 가는 것이 아니라 이 세상에 다른 존재로 다시 태어난다는 것입니다. 인간뿐만 아니라 동물도 영혼이 있기 때문에 윤회한다고 가르칩니다. 이번 생의 카르마(업보)에 따라 다음 생에 인간으로 태어날 수도, 동물로 태어날 수도 있습니다. 그래서 힌두교와 불교는 아힘사(불살생)를 강조합니다. 스님들이 채식하는 것도 인간과 동물을 같은 중생으로 보기 때문입니다. 불교만큼 한반도에 큰 영향을 끼친 도교 역시 인간을 자연의 일부로 봅니다. 동식물을 지배하고 이용할 대상으로 여기지 않고 인간이 함께 어우러져 살아가야 할 존재로 인정합니다. 물론 동양 철학도 인간 중심주의에서 자유롭다고 보기는 어렵지만, 서양 철학에 비해 인간과 동물, 인간과 자연의 연결 고리에 더 주목했던 것은 사실입니다. 동양의 채식 전통에 대해서는 2장에서 더 자세히 다루겠습니다.

인간과 동물을 분리해서 생각했던 서양에서도 19세기 중반, 찰스 다윈의 《종의 기원》 이후, 새로운 관점이 대두합니다. 다윈은 지구상의 모든 생물이 공통 조상에서 나왔다는 사실을 진화론으로 설명합니다. 인간이 성경의 말처럼 신에 의해 단숨에 창조된 것이 아니라 오랜 시간에 걸쳐 진화했다는 것입니다. 이러한 과학적 깨달음은 인간과 동물의 관계를 새롭게 정의합니다. 더 이상 인간과 동물 사이에 건널 수 없는 강이 있다고 주장할 수 없습니다. 인간만 영혼이 있고 동물은 영혼이 없는 기계이기 때문에 함부로 다뤄도 된다고 말할 수 없습니다. 인간도 다른 동물과 똑같이 자연선택과 돌연변이 등의 방식으로 진화해온 사실이 분명하기 때문입니다. 호모 사피엔스도 결국 영장류의 한 종일 뿐입니다. 다시 말해, '우리는 모두 동물'이라는 진리를 누구나 인정하게 되었습니다.

✦
인권에서
동물권으로

모든 인종이 같은 조상을 가진 가족인 것처럼 모든 생물종도 공통 조상에서 나온 친척이라는 사실이 밝혀지자 더 이상 인간 중심적이고 기계론적인 관점으로 동물을 바라볼 수 없었습니다. 인간과 동물의 생물학적인 유사성을 고려할 때 예전처럼 인간만 영혼이 있고 동물은 영혼이 없다, 동물의 울음소리는 기계 소리와 같다고 치부하기 힘들었습니다. 침팬지는 인간과 DNA의 98.8퍼센트를 공유합니다. 그들도 인간과 비슷한 척추 신경계를 통해서 쾌락과 고통을 느낀다는 사실을 부정할 수 없습니다. 인간과 동물의 차이점보다 유사점에 주목하자 동물의 윤리적 처우를 걱정하는 사람이 늘어났습니다.

인종차별, 성차별과 마찬가지로 종차별도 문제라는 생각이 등장했습니다.

 '종차별주의'라는 말은 영국의 심리학자 리처드 라이더가 1970년 처음 썼습니다. 당시 서양에서는 해방 운동의 거대한 물결이 대학과 도시를 휩쓸고 있었습니다. 미국에서는 베트남 전쟁에 반대하는 평화 운동이 일어났고, 프랑스에서는 68 혁명이 발발하여 학생과 노동자를 필두로 천만 이상이 거리로 쏟아져 나왔습니다. 2백 년 전 대서양을 가운데 두고 미국 혁명과 프랑스 혁명이 일어났던 것처럼 권위에 도전하고 평등을 요구하는 움직임이 커졌습니다. 흑인 해방 운동, 여성 해방 운동, 게이 해방 운동 등 다양한 변혁의 목소리가 울려퍼졌습니다. 페인과 울스턴크래프트의 후예들은 이제 한층 급진적인 이야기를 했습니다. 노예제를 폐지했고, 여성은 투표권을 얻었지만 인종차별과 성차별을 근절하지 못했기 때문입니다. 운동가들이 실질적인 인종평등, 성평등을 요구하면서 거센 시위를 벌이자 20세기의 기득권자들은 역시나 비웃었습니다. 흑인과 여성이 시민권을 갖고 투표에 참여하는 정도가 아니라 백인 남성과 완전히 평등한 권리를 누려야 한다는 주장에 "대

체 어디까지 해방해야 하는가?" 되물으며 냉소했습니다. 《짐
승의 권리 옹호》를 썼던 토머스 테일러의 메아리가 들렸습니
다. 하지만 1970년대는 1790년대와 매우 달랐습니다. 동물의
권리를 진지하게 논의할 준비가 되어 있었습니다. 특히 영국
의 학생 운동가들 사이에서 동물 해방 운동이 필요하다는 공
감대를 형성했습니다. 그중 리처드 라이더는 인종차별주의,
성차별주의와 비슷한 개념으로 종차별주의라는 말을 만듭니
다. 인간이 인종이나 성별을 근거로 다른 인간을 차별하는 것
이 옳지 않듯이 종을 근거로 다른 동물을 차별하는 것도 옳지
않다는 뜻입니다.

라이더의 동료인 호주 출신의 철학자 피터 싱어는 종차별
에 반대하는 논거를 집대성하여 1975년 《동물 해방》을 펴냅
니다. 싱어는 제레미 벤담이 2백 년 전 제시했던 공리주의 원
칙에 다윈의 진화론을 통합하여 간단하고도 강력한 주장을 펼
칩니다. 인간의 친척인 비인간 동물도 쾌락과 고통을 느끼는
능력이 있다는 사실을 인정했을 때, 과연 우리는 그들에게 아
무런 윤리적 책임이 없는 걸까요? 단지 인간이 아니라는 이유
로 소, 돼지, 닭을 잡아먹고, 쥐를 실험하고, 돌고래와 북극곰

을 가두어도 되는 걸까요? 과거에는 인간끼리도 인종이나 민족이 다르다는 이유로 서로 감금하고, 착취하고, 실험하고, 학살하지 않았던가요? 식인 풍습이 사라진 것도 그리 오래되지 않았습니다. 인류가 도덕적으로 성장하려면 앞으로 비인간 동물에 대해서도 잔학 행위를 멈추어야 하지 않을까요?

　싱어는 종차별을 비판하며 종평등의 원칙을 제시합니다. 평등이란 모두를 똑같이 대우한다는 뜻이 아닙니다. 다른 존재의 같은 이익을 똑같이 고려한다는 뜻입니다. 50살 남성 철수와 5살 여성 영희가 있다고 칩시다. 둘은 다른 사람이기 때문에 분명 다른 이익을 갖습니다. 예를 들어 철수는 투표권을 갖지만 영희는 그렇지 않습니다. 우리는 이를 두고 차별이라고 하지 않습니다. 영희는 아직 어린이이기 때문에 투표할 이유가 없다고 보기 때문입니다. 그런데 만약 철수와 영희가 물에 빠졌을 때 철수만 구조한다면 그것은 분명한 차별입니다. 대부분의 사람은 오히려 약자인 영희를 먼저 구조할 것입니다. 우리는 성인보다 어린이를 먼저 구조한다고 해서 그것을 차별이라고 부르지 않습니다. 이처럼 평등이란 철수와 영희의 상황을 고려하지 않고 무조건 똑같이 대우하는 것이 아닙니다. 오히려 각자의 이익이 다르다면 다르게 고려해야 합니다. 만약 둘의 이익이 같다면 나이나 성별 등에 상관없이 똑같이 대우해야 합니다. 이것이 싱어가 정리한 '이익 평등 고려의 원칙'입니다.

우리는 사람들이 정말 똑같기 때문에 평등한 권리를 갖는다고 믿지 않습니다. 흑인과 백인은 다르고 여성과 남성도 다릅니다. 개인에 따라 지능과 성격도 천차만별입니다. 그럼에도 불구하고 우리는 모든 사람이 평등하다고 이야기합니다. 과연 무엇이 똑같다는 것일까요? 한 사람의 고통을 다른 사람의 고통과 똑같이 생각해야 한다는 뜻입니다. 피부색이나 성정체성이나 아이큐나 장애 유무와 상관없이 누군가 고통을 느낀다면 그것을 나의 고통처럼 여기는 것이 바로 평등입니다. 아픔과 슬픔 앞에 모두 똑같다는 마음으로 타자의 안위를 챙기는 것이야말로 평등의 가치인 것입니다. 싱어는 다윈의 진화론을 강조하며 이러한 평등의 가치를 인간종에게만 적용해서는 안 된다고 지적합니다. 비인간 동물도 고통을 피하고 행복을 좇는 것이 자명하기 때문에 그들의 이익도 평등하게 고려해야 한다고 주장합니다. 개와 소에게 투표권을 주자는 이야기가 아닙니다. 사람도 사람마다 갖는 이익이 다르듯이 동물도 동물마다 갖는 이익이 다릅니다. 싱어가 말하는 종평등이란 종에 상관없이 다른 동물의 고통도 인간의 고통과 똑같이 고려하는 것입니다.

종차별을 비판하고 종평등을 추구하면 동물 해방을 외칠 수밖에 없습니다. 인간의 입맛을 위해 동물을 강제 임신 시키고, 감금 사육하고, 대량 학살하여 먹는 것을 더 이상 용납할 수 없습니다. 패션을 위해 모피와 가죽을 입고, 화장품과 의약품 개발을 위해 동물 실험을 하며, 오락을 위해 동물원과 수족관을 다니는 것도 옳지 않습니다. 싱어는 동물 해방이야말로 그 어떠한 해방 운동보다 큰 이타주의를 요구할 것이라고 예상했습니다. 실제로 그의 책이 반향을 일으킨 후 영국을 중심으로 본격적인 동물 해방, 채식주의 운동이 시작되었습니다. 지난 40여 년 동안 영미권에서 뿌리를 내린 동물 해방 운동은 이제 대한민국에서도 싹을 피우고 있습니다. 2017년 발족한 '동물해방물결'은 매년 8월, 종차별 철폐를 외치며 동물권 행진을 주최합니다.

철학적으로 엄밀히 따지면 동물 해방과 동물권은 서로 다른 개념입니다. 동물 해방은 위에서 설명한 것처럼 벤담을 위시한 영국 공리주의 전통의 이야기입니다. 고통을 줄이고 행복을 늘리는 것이 유일한 윤리적 기준인데, 비인간 동물도 고통을 느끼기 때문에 윤리적 대우를 받아야 한다는 것입니다. 기준이 고통이기 때문에 처음부터 동물에게 적용하는 것이 당연했습니다. 싱어가 한 역할은 벤담의 윤리적 주장에 다윈의 과학적 이론을 업데이트하여 확실한 결론을 도출한 것뿐입니다.

하지만 독일 철학자 임마누엘 칸트를 위시한 권리론 전통은 처음부터 이성을 중시했기 때문에 논의를 인간으로 한정지었습니다. 이성적인 인간만이 윤리적 사고를 할 수 있기 때문에 윤리적 대우 역시 인간만이 누릴 수 있다고 못 박은 것입니다. 칸트는 1785년《도덕 형이상학 원론》에서 "무엇이든지 남에게 대접받고자 하는 대로 너희도 남을 대접하라"는 기독교의 황금률을 발전시켜 "너희가 하고자 하는 것을 동시에 누구에게나 적용할 수 있도록 행하라"는 원칙을 제시합니다. 내가 하는 행동을 모두 한다고 가정했을 때 과연 그것이 괜찮

을지 생각해보라는 뜻입니다. 칸트는 모든 인간을 수단이 아닌 목적으로 존중해야 한다고 말합니다. 도구화, 대상화해서는 안 되는 존엄한 존재라고 가르칩니다. 하지만 이토록 포괄적이고 절대적인 도덕률을 주장하면서 동물은 배제합니다. 애초에 이성이 있어야 나의 행동을 모두에게 적용해볼 수 있고, 그러한 윤리적 주체만이 윤리적 대우를 받을 권리가 있다는 것입니다. 동물은 이성적이지도, 윤리적이지도 않기 때문에 목적이 아닌 수단으로 이용해도 된다고 선을 그었습니다. 동물 윤리에 있어서 칸트는 데카르트와 별반 다르지 않았습니다.

그렇다면 과연 모든 인간이 이성적이고 윤리적인 주체이기 때문에 인권을 갖는 것일까요? 영유아나 치매 노인, 식물인간 등의 경우 분명 그렇지 않지만 인간이라는 이유로 법적인 보호를 받습니다. 이처럼 인간에 대해서는 예외적인 사례를 인정하면서, 그들보다 더 합리적인 사고 능력을 갖춘 침팬지, 고릴라 등에게는 도덕적 지위를 부여하지 않을 합당한 이유가 있을까요? 우리 모두 갓난아기일 때는 다 큰 소나 말보다 덜 똑똑한 것이 사실입니다. 청소년은 범죄를 저질러도 교도소에 가지 않고 소년원에 가는 것도 아직 윤리적 주체로서 책임을 묻기 어렵다고 양해하기 때문입니다. 하지만 갓난아기와 청소년 모두 인권을 보호받습니다. 결국 기준은 이성이 아니라 인간종에 속하느냐이고, 그것은 종차별이라는 비판을 면할 수 없습니다. 1983년 미국 철학자 톰 레건은《동물권 옹호》에서 이와 같은 예외적인 사례를 지적하면서 칸트의 권리론을 동물에게 확장합니다. 레건은 칸트의 도덕 원칙을 따르지만, 중요한 것은 이성이 아니라고 말합니다. '삶의 주체'로서 욕망, 감각, 기억, 의식 등을 가지고 살아간다면 모두 수단이 아닌 목적으로 존중받아야 한다고 주장합니다. 비인간 동물도 엄연한 삶의 주체이기 때문에 존엄한 대우를 받아야 한다는 것입니다. 싱어의 동물해방론과 레건의 동물권리론은 철학자들이 보기에는 매우 상반된 이론이지만, 우리에게 던지는 메시지는 매한가지입니다. 비인간 동물 역시 인간처럼 '고통과 행복을 느끼는 삶의 주체'이기 때문에 윤리적으로 대우해야 한다는 것입니다.

프랑스 혁명 이후 오늘날까지 2백 년이 넘는 인류의 역사는 국가가 법으로 보호하는 권리의 주체가 소수에서 다수로,

강자에서 약자로, 인간에서 동물로 확장해가는 과정으로 요약할 수 있습니다. 최근에는 윤리학뿐만 아니라 정치학에서도 동물의 권리를 다루는 연구가 활발합니다. 사회 계약론과 정의론 등 여태껏 인간에게만 적용했던 이론을 비인간 동물까지 포함해서 발전시켜야 한다는 의견이 힘을 얻고 있습니다. 인간이 먹기 위해 기르는 가축 수가 인간 수보다 훨씬 큰 시대입니다. 말 못 하는 이들의 목소리를 반영하지 못하는 정치 이론은 약자를 무시하고 강자를 돕는 도구일 뿐입니다. 약육강식을 정당화하는 '정글의 법칙'을 타파하기 위한 동물 해방 운동이 전 세계로 퍼지고 있습니다. 느끼는 모두에게 자유를 보장하는 것이야말로 21세기의 시대적 사명이자 거스를 수 없는 물결입니다.

채식주의

2

동물의 고통을 줄이기 위해 우리는 무엇을 해야 할까요? 현재 인간 사회에서 이용하고 있는 동물은 크게 네 가지로 분류할 수 있습니다 – 축산 동물, 실험 동물, 전시 동물, 반려 동물. 동물 해방을 위해서는 이들 모두의 자유를 고민해야 합니다. 당장 집 안의 개, 고양이를 밖에다 전부 풀어주자는 이야기가 아닙니다. 인간 사회에 강제로 편입된 동물 대부분은 이미 인간의 편의를 위해 '품종 개량' 되고 생산되어 사육되었기 때문에 야생 동물로 살아가기 힘듭니다. 우리는 각각의 동물이 처한 상황을 고려해서 그들의 권리를 보호해야 합니다. 그러기 위해서는 동물을 착취하는 산업을 불매하는 것이 최우선입니다. 고기, 생선, 달걀, 우유, 가죽, 모피 등의 동물성 제품을 소비하지 않고, 동물 실험한 화장품과 의약품을 쓰지 않으며, 동물원과 수족관에 가지 않고, 반려 동물을 사지 말고 입양해야 합니다.

그중 가장 중요한 것은 채식입니다. 인간에게 고통받는 동물의 절대다수는 먹기 위해 길러지는 '식용 동물'입니다. 지구상의 전체 포유류 중 60퍼센트가 소, 돼지 등의 가축이고 36퍼센트가 인간이며 오직 4퍼센트만이 야생 동물입니다. 조류는 70퍼센트가 닭, 오리 등의 가축이고 30퍼센트가 야생 동물입니다. 매일 전 세계에서 식용으로 도살되는 동물의 수는 30억에 달합니다. 철저히 인간의 입맛을 위해 자행되는 대학살입니다. 동물성 식품을 전혀 먹지 않아도 인간은 건강하고 행복하게 살 수 있습니다. 축산업에 대한 불매 운동으로써 채식을 실천하는 것이야말로 동물 해방의 첫걸음입니다.

이번 장에서는 채식주의에 대해 알아보겠습니다. 동물권과 채식주의가 꼭 같은 것은 아닙니다. 모든 동물권 옹호론자는 채식주의자이지만 모든 채식주의자가 동물권 옹호론자는

아닙니다. 다른 이유로 채식을 실천하는 사람도 많습니다. 채식주의의 종류 역시 크게 네 가지로 분류할 수 있습니다 ─ 윤리, 건강, 환경, 종교. 저를 비롯한 동물권, 동물 해방을 주장하는 사람은 윤리적 채식주의자이지만, 건강 때문에 채식하는 사람도 있고, 환경에 대한 영향을 줄이기 위해 채식하는 사람, 종교적인 신앙 때문에 채식하는 사람까지 다양한 종류가 있습니다.

여기서 중요한 사실은 동물권의 역사는 짧지만, 채식주의의 역사는 길다는 것입니다. 동물권은 프랑스 혁명 이후 인권의 연장선상에서 등장했고, 진지하게 논의하기 시작한 것은 반세기 정도밖에 되지 않았습니다. 하지만 채식주의는 인류 문명의 시작부터 여러 성현이 가르쳐왔습니다. 한반도에서도 뿌리 깊은 채식주의 전통을 곳곳에서 마주할 수 있습니다. 채식과 채식주의를 구분할 필요가 있습니다. 사실 현대 문명의 물질적 풍요가 보장되기 전까지는 동서양을 막론하고 대부분의 사람이 채식 위주의 식사를 했습니다. 동물성 음식이 귀했기 때문입니다. 채식주의란 그런 의미에서의 불가피한 문화가 아닌 의식적이고 의도적인 철학을 뜻합니다. 당위적 차원에서 동물성 식단을 피하고 식물성 식단을 지향하는 태도를 채식주의라 부릅니다. 지금으로부터 약 2500년 전, 동서양에서 거의 같은 시기에 두 가지 채식주의 전통이 등장했습니다. 그것이 지난 2백 년 동안 베지테리어니즘과 비거니즘으로 계승, 발전되는 과정에서 동물권과 동물 해방도 탄생했습니다. 따라서 동물권과 채식주의는 분명 다르지만 뗄 수 없는 관계입니다. 우선, 채식주의의 뿌리를 살펴보기 위해 고대 인도와 그리스로 가보겠습니다.

✦
싯다르타와
피타고라스

기원전 6세기경, 인도의 어느 왕자가 있었습니다. 정확히는 오늘날 네팔에 해당하는 지역의 석가족 출신으로, 이름은 고타마 싯다르타였습니다. 왕자의 삶은 안락했습니다. 하지만 궁궐 밖에서 그가 본 세상은 고통으로 가득했습니다. 태어나서 늙고 아프다 죽는, 생로병사의 무한 반복이었습니다. 모든 생명에게 고통은 피할 수 없는 운명이었습니다. 싯다르타는 어떻게 하면 고통의 사슬에서 벗어날 수 있을까 고민하며 방랑을 떠났습니다. 수행과 명상을 통해 35살에 깨달음을 얻었습니다. 그는 여든에 세상을 떠날 때까지 자신의 깨달음을 설파했습니다. 사람들은 그를 '깨달은 석가족 사람', 즉 '석가모니'

우리 모두는
연결되어
있지.

인간과
동물도
연결된
존재야.

고타마 싯다르타

또는 '부처(붓다)'라고 불렀습니다. 그의 가르침은 불교라는 이름으로 중국, 한국, 일본 등 동아시아로 퍼졌습니다.

싯다르타는 우리가 모두 연결되어 있다고 믿었습니다. 나와 너가 다르지 않고 하나인 존재라는 것입니다. 그렇기 때문에 누구를 대하든 나를 대하듯 해야 한다고 가르쳤습니다. 무조건적인 사랑, 자비를 베풀어야 했습니다. 모두 연결되어 있다는 믿음에는 윤회 사상이 깔려 있습니다. 윤회란 삶과 죽음이 바퀴처럼 돌고 돈다는 뜻입니다. 실제로 생명은 죽으면 끝이 아니라 다른 생명으로 돌아옵니다. 동물이 죽으면 균이 그것을 먹고 분해하고, 거기서 발생하는 양분을 식물이 먹고 자라며, 다시 동물은 그 식물을 먹습니다. 이토록 생명이 순환하는 것은 과학적인 사실입니다. 그러나 싯다르타가 믿었던 윤회는 단순히 물질적인 순환이 아닌, 영혼의 순회였습니다. 사람이 죽으면 육체는 죽고 썩지만, 정신은 죽지 않고 다른 생명으로 옮겨간다는 것입니다. 반드시 사람으로 다시 태어난다는 보장은 없었습니다. 이번 생의 업보에 따라 다음 생에는 왕자로 태어날 수도, 소로 태어날 수도, 뱀으로 태어날 수도 있었습니다. 윤회 사상은 인간과 동물을 연결된 존재로 바라보게 합니다. 얼마 전 돌아가신 아버지의 영혼이 오늘 숲에서 만난 아기 사슴 속에 기려 있을 수도 있기 때문입니다. 따라서 싯다르타는 불살생을 가르쳤습니다. 모든 중생을 귀하게 여기고 죽이지 말라고 했습니다. 불교에서 중생이란 인간과 동물을 아우르는 개념입니다. 당연히 부처의 제자들은 동물성 음식을 먹지 않았습니다. 오늘날 대한민국 스님들이 사찰에서 공양할 때 채식을 하는 이유가 바로 불살생입니다.

싯다르타의 윤회, 불살생 사상은 인도의 오랜 힌두교 전통에서 왔습니다. 산스크리트어로 윤회는 '삼사라', 불살생은 '아힘사'라고 합니다. 아힘사는 정확히는 비폭력을 뜻합니다. 기원전 2천 년경부터 전해져 내려오는 힌두교의 세계관을 싯다르타가 계승하여 채식주의적인 윤리관으로 발전시킨 것입니다. 그의 생각은 이후 동양의 여러 문화에 큰 영향을 끼칩니다. 싯다르타가 죽고 약 2백 년 후, 인도의 왕 아소카는 전쟁의 참상을 겪고 불교로 개종합니다. 불살생을 신봉한 그는 법적으로 동물의 도살을 금지합니다. 백성에게 채식을 장려합니다. 기원후 675년, 일본에서도 비슷한 법을 제정합니다. 한반도를 통해 흡수한 불교와 일본의 토착 신앙인 신도가 결합하여 윤회 사상에 대한 강력한 믿음이 생겨났습니다. 신도는 조상과 자연에 대한 숭배가 핵심입니다. 일본에서 신사 참배를 한다고 하면, 한국에서 제사를 지내는 것처럼 조상의 영혼에 예를 갖추는 것이라 보면 됩니다. 소, 말, 개, 원숭이, 닭의 몸에 조상의 혼이 들어있을 수도 있다고 믿자, 덴무 천황은 육식금지령을 내립니다. 1872년, 메이지 유신의 일환으로 천황이 고기를 먹기 시작할 때까지 약 1200년 동안 이러한 금기는 지속되었습니다. 메이지 천황은 일본이 서구 열강처럼 강력해지기 위해서는 소고기와 소젖을 먹어야 한다고 믿었습니다. 박정희 대통령이 1960년대 축산업을 진흥하고 초등학교 우유 급식을 강제한 것도 같은 이유입니다. 서구화와 근대화에 대한 열망이 커지면서 동양에도 육식주의 신화가 퍼졌습니다. 물론 동양 문명이 원래 완전히 채식주의였다고 할 수는 없지만, 불교의 윤회와 불살생 사상이 뿌리 깊었기 때문에 서양에 비해 그나마 덜 인간 중심적이고, 덜 육식주의적이었던 것은 사실입니다.

불교와 기독교의 차이가 동서양의 차이를 대략 보여줍니다. 불교에서는 인간과 동물이 모두 중생이지만, 기독교에서는 엄연히 다릅니다. 《창세기》에 따르면 신이 자신의 모습을 본떠 사람을 만들었고, 사람으로 하여금 바다와 땅과 하늘의 모든 짐승을 다스리게 하였습니다. 인간이 만물의 영장이며 동물은 인간의 지배를 받아야 마땅하다는 것입니다. 서양에서는 기원후 380년, 기독교가 로마 제국의 공식 종교가 된 이래 이러한 인간 중심주의가 깊숙이 자리 잡았습니다. 동물은 영혼이 없기 때문에 죽이거나 학대해도 죄악이 아니라고 믿었습니다. 인간과 동물 사이에 본질적인 차이가 있다는 신앙이 천 년 넘게 서양을 지배했습니다. 하지만 기독교 이전에는 서양에도 불교와 매우 비슷한 채식주의 전통이 있었습니다. 신기하게도 싯다르타와 거의 비슷한 시기에 활동했던 그리스 철학자가 창시자입니다. 오늘날 우리에게는 수학자로 널리 알려진 피타고라스가 바로 그 주인공입니다.

피타고라스 정리는, $a^2+b^2=c^2$, 삼각형의 가장 긴 변의 길이를 제곱한 값이 나머지 두 변의 길이를 각각 제곱한 값을 더한 것과 같다는 정리입니다. 피타고라스는 우주의 모든 원리가 수학이라고 믿었습니다. 실용적이고 기술적인 목적이 아니라, 세상의 신비를 이해하기 위해 수학을 연구했습니다. 처음으로 자신을 '필로소포스', 지혜를 사랑하는 사람이라고 칭한 장본인이기도 합니다. 다시 말해, 최초의 철학자입니다. 기원전 6세기경, 그리스 사모스섬에서 태어난 피타고라스는 마흔에 지금의 이탈리아 남부 크로토네 지방으로 이주합니다. 싯다르타가 그랬던 것처럼 피타고라스도 제자들을 가르치며 살다가 75살쯤 사망합니다. 그의 추종자들은 비밀 서약을 하고 모여 공동체 생활을 했습니다. 엄격한 규율을 따라야 했는

데, 그중에는 채식도 있었습니다. 피타고라스가 '메템사이코시스', 즉 윤회를 가르쳤기 때문입니다.

동서양의 두 성현이 같은 시기에 이토록 비슷한 주장을 펼쳤다는 사실은 놀라울 따름입니다. 피타고라스는 아마도 고대 이집트의 윤회 사상에 영향을 받았던 것으로 보입니다. '메템사이코시스'와 '삼사라'는 언어는 다르지만 사실상 같은 개념입니다. 육체는 죽어도 영혼은 다른 곳으로 이주하여 환생한다는 믿음입니다. 피타고라스는 인간뿐만 아니라 짐승도 영혼이 있다고 믿었습니다. 유명한 일화가 있습니다. 하루는 피타고라스가 길을 걷다가 누군가 개를 때리는 장면을 목격합니다. 그는 당장 멈추라고 하면서 "개의 울음소리를 들어보니 얼마 전 죽은 내 친구가 분명하다"고 말했습니다. 이후 유럽에서는 채식주의를 피타고라스학파의 교리와 동일시했습니다. 로마의 유명한 시인 오비디우스는 피타고라스를 이렇게 기억했습니다.

여기 한 사람이 있었다. 사모스에서 태어났지만, 독재자를 싫어했기에 사모스를 떠났고, 대신 망명자의 삶을 택했다. 그의 사상은 드높아서, 천국의 위대한 신들에 도달했고, 그의 상상은 도덕적 시야를 초월하는 통찰력이 있다. 그는 만물을 주의 깊고 열정적인 마음으로 탐구했고, 깨달음을 얻고 돌아와 사람들 사이에 앉아서 중요한 진리를 가르쳤다. 그들은 세상이 어떻게 시작했는지, 태초의 근원, 사물의 성질, 신이란 무엇인지, 눈은 어디서 내리는지, 번개는 어디서 갈라지는지, 구름의 천둥 속에서 바람이 말하는 건지 주피터가 말하는 건지, 지진의 원인, 별들이 어떤 법칙으로 순환하는지 등등, 인간이 완전히 이해할 수 없는 모든 비밀을 조용히 경청하며 놀라워했다. 그는 동물성 음식을 먹지 말아야 한다고 말한 최초의 사람이며, 워낙 박식했지만, 그가 다음과 같이 가르쳤을 때 모든 이가 따르지는 않았다. '오 인간들이여, 그토록 불경스러운 음식으로 너희들의 몸을 더럽히지 말거라! 너희를 위한 옥수수가 있고, 나뭇가지가 휘도록 매달린 사과가 있으며, 푸르른 덩굴에 자라난 포도가 있고, 요리하면 부드럽게 익는 풀과 야채가 있으며, 젖과 꿀이 있다. 대지는 너그럽고 풍요롭게 음식을 베풀어준다. 너희의 식탁을 위해 살상이 필요 없는 음식을 제공해준다. … 우리는 육체가 전부가 아니며, 날개 달린 영혼으로서 동물의 형태에 들어가는, 가축의 몸 안에 살 수 있는 능력을 갖쳤다. 따라서 우리는 어버이, 형제자매, 사촌, 인간의 영혼이 살 수도 있는 그 집을 존중해야 한다. 최소한 그것을 절대 해쳐서는 안 된다. 사람을 먹던 티에스테스처럼 우리 몸을 살점으로 채워서는 안 된다. 사악한 짓이며, 불경한 행위다. 송아지 목에 칼을 들이밀어서 울부짖게 하는 것은 살인만큼이나 부도덕하다. 비명이 들리지 않는가? 아기처럼 우는 염소를 누가 죽일 수 있는가? 방금 직접 모이를 준 새를 먹을 수 있는가? 그러다 살인도 저지르겠다. 겨우 한 걸음 차이다. … 너를 해치는 짐승을 죽여야 한다면 죽여라. 하지만 그때도 죽이는 것으로 충분하다. 고기를 탐하지 말고, 고귀한 음식만 먹어라.'

피타고라스는 서양에서 최초로 채식주의를 설파한 인물입니다. 그는 동물의 살점을 먹는 것이 윤리적이지 않다고 주장했습니다. 동물권이나 동물 해방을 외치지는 않았지만, 사실상 비슷한 이유로 채식을 옹호했습니다. 동물도 인간처럼 목숨을 존중해야 한다는 것입니다. 당시에는 인권 개념이 없었기 때문에 그것의 연장선에 있는 동물권을 논하지 않았던 것은 당연합니다. 피타고라스의 채식주의는 싯다르타의 가르침과 같습니다. 모든 생명은 순환하고 영혼으로서 연결되어 있기 때문에 함부로 대해서는 안 된다는 종교적 믿음입니다. 싯다르타의 제자들은 동양에서 지난 2500여 년간 불교의 이름으로 채식을 퍼뜨려왔습니다. 반면 피타고라스의 제자들은 로마 제국이 기독교를 국교로 정한 이후, 서양에서 이단으로 취급당했습니다. 동물에게도 영혼이 있다는 믿음은 성경에 어긋나기 때문입니다. 오비디우스의 말처럼 피타고라스의 위대함을 부정하는 사람은 없었지만, 윤회와 채식주의에 관한 그의 가르침을 따르는 이는 많지 않았습니다. 기독교가 지배한 서양의 인간 중심적인 세계관은 근대에 이르러서야 조금씩 균열이 생깁니다. 1847년, 영국에서 '베지테리언'이라는 말이 만들어지기 전까지 채식주의자는 '피타고리언', 즉 '피타고라스주의자'로 불렸습니다. 채식주의가 하나의 철학으로서 인정받기보다는 피타고라스같이 특이한 인물의 신앙으로 치부된 것입니다. 그렇다면 '베지테리언'이라는 새로운 이름을 지은 사람들은 누구였고, 어떤 신념을 가졌을까요? 베지테리언 협회를 창립한 이들은 놀랍게도 성경 말씀을 중시하는 아주 독실한 기독교인들이었습니다.

✦
베지테리언과
비건

기독교는 동양 종교에 비해서 인간 중심적입니다. 일단 신이 인간 남성의 형태를 하고 있습니다. '하느님 아버지'라고 불립니다. 정확히는 인간을 신의 형상대로 창조했다고 가르칩니다. 구약 성서의 시작인 《창세기》는 천지 창조를 설명하면서 인간과 동물의 차이를 분명히 밝힙니다.

하느님이 자기 형상대로 사람을 창조하시되 남자와 여자를 창조하시고 그들에게 복을 주시며 이르시되 생육하고 번성하여 땅에 충만하라, 땅을 정복하라, 바다의 물고기와 하늘의 새와 땅에 움직이는 모든 생물을 다스리라 하시니라.

성경에 따르면 자연을 정복하고 동물을 다스리는 것이 인간의 권리이자 의무입니다. 반면 힌두교, 불교 등 인도의 종교에서는 인간과 동물이 연결되어 있으며, 신이 인간의 형상을 하고 있지도 않습니다. 힌두교는 오히려 소를 신격화하고 불교는 무신론이라고 보아야 합니다. 도교, 유교 등 중국의 종교 역시 무신론입니다. 인간 중심주의에서 완전히 자유롭다고 볼 수는 없지만 기독교처럼 '인간은 신을 닮았고, 특별하기 때문에 땅을 정복하고 동물을 다스려야 한다'고 가르치는 종교는 동양에서 찾아보기 힘듭니다.

채식 전통이 뿌리 깊은 동양과 달리 서양에서는 오랫동안 채식주의가 예외적이었습니다. 그런데 18세기 스웨덴의 한 과학자이자 신학자가 기독교의 창조론을 새롭게 해석합니다. 성경 속 에덴동산을 가리키며 인류는 원래 채식을 했다고 설파합니다. 바로 에마누엘 스베덴보리입니다. 그는 젊은 시절 과학 연구로 명성을 떨칩니다. 칸트보다 20여 년 앞서 최초로 성운설을 제기했으며 백여 년 뒤에야 인정된 뉴런 개념을 일찍이 말하기도 했습니다. 스베덴보리는 53살 때 환상을 경험합니다. 직접 천국과 지옥에 다녀왔다고 주장하며 신의 계시를 전파하기 시작합니다. 1772년, 84살의 나이로 사망할 때까지 무수한 저작을 남기며 새로운 기독교 운동을 일으킵니다.

스베덴보리의 가르침 중 우리가 여기서 관심 있는 부분은 바로 최초의 교회에 관한 내용입니다. 그는 《창세기》의 다른 부분에 집중했습니다. 위에 인용한 1장 28절에 바로 이어서 29절에는 이런 말이 나옵니다. "하느님이 이르시되 내가 땅 위의 모든 씨 맺는 채소와 씨 가진 열매 맺는 모든 나무를 너희에게 주노니 너희의 먹을거리가 되리라." 인간이 신을 닮았고, 자연을 다스릴 권리가 있는 것도 맞지만, 신이 인간에게 먹으라고 준 것은 분명 "씨 맺는 채소와 씨 가진 열매 맺는 모든 나무", 다시 말해 식물성 음식이라는 뜻입니다. 에덴동산에서는 모두가 채식주의자였습니다. 스베덴보리는 인류 최초의 교회, 즉 신과 직접 관계를 맺었던 공동체는 채식을 했다고 믿었습니다. 하지만 인간이 원죄를 저지르고 신과 멀어지면서 육식을 시작했다고 보았습니다. 이제 새로운 교회는 다시 채식을 해야 했습니다. 영적인 세계와 가까워지기 위해 육식을 절제해야 했습니다.

19세기 초, 스베덴보리를 따르는 몇몇 영국인들은 '성경 기독교회'라는 이름의 새로운 종파를 만듭니다. 그들은 주류 교회와 다르게 채식을 핵심적인 교리로 실천합니다. 1847년, 성경 기독교인들은 맨체스터에 모여 아예 채식주의를 전면에 내건 단체를 발족하기에 이릅니다. 그때까지 영국에서 채식을 실천하는 사람은 '피타고리언'이라고 불렸습니다. 하지만 그들은 피타고라스보다는 스베덴보리를 따르는 기독교인이었습니다. 윤회를 믿어서가 아니라 성경을 제대로 실천하기 위해 채식하는 사람들이었습니다. 따라서 새로운 이름이 필요했습니다. 그들은 스스로를 '베지테리언'이라고 불렀습니다. 채소를 뜻하는 '베지터블'과 사람을 뜻하는 '~이언'을 합친 것입니다. 영국 채식주의자 협회, '베지테리언 소사이어티'의 출발입니다.

영국의 채식주의자가 모두 스베덴보리의 추종자는 아니었습니다. 건강을 위한 '자연식'으로서 채식을 주장하는 사람도 있었습니다. 윌리엄 람베는 직업이 의사였지만 만성 질환을 앓았습니다. 그런데 마흔에 채식을 시작한 이후 큰 효과를 보았습니다. 과일과 빵, 샐러드를 주로 먹었고, 우유와 달걀도 먹지 않았습니다. 그는 자신의 환자들에게도 야채와 증류수를 기본으로 하는 식단을 처방했습니다. 당시 영국은 산업 혁명의 영향으로 환경오염이 심각해지고 있었습니다. 더러운 물을 마시는 것보다 술을 마시는 게 안전할 정도였죠. 어린아이에게도 술을 권하는 것이 일반적이었습니다. 동물을 기르고 죽이고 거래하는 환경 역시 매우 비위생적이었습니다. 람베는 깨끗한 물을 마시고 채식을 하는 것이 건강을 위한 기본이라고 믿었습니다. 실제로 호전된 환자들의 사례를 연구하여 의학 저널에 기고했습니다. 오늘날 람베는 채식 영양학의 기초를 닦았다고 인정받습니다. 술과 고기가 암을 비롯한 각종 성인병의 원인이라는 사실도 과학적으로 증명되었습니다.

람베의 환자였던 존 프랭크 뉴턴은 나아가 채식이야말로 인간의 '자연스러운' 먹을거리라고 주장했습니다. 뉴턴은 기독교인이 아닌 조로아스터교인이었지만, 바로 이 점에 있어서는 스베덴보리와 동의했습니다. 먼 옛날, 인류가 에덴동산과 같이 온화한 기후에서 살 때는 열매 위주의 채식을 했지만, 춥고 사나운 지역으로 이주하면서 육식에 의존했다는 것입니다. 뉴턴의 생각은 볼테르, 루소 등 프랑스 계몽주의 철학자의 입장과 비슷합니다. 태초에는 '고귀한 야만인'들이 자연과 조화롭게 어울려 살며 채식을 했지만, 문명과 함께 점점 타락하여 육식에 빠졌다는 것입니다. 아프리카 사바나에서 진화했던 수백만 년 동안 인류가 과연 얼마나 육식을 했는지 불분명합니다. 완전 채식도, 완전 육식도 아닌, 잡식을 했던 것은 분명합니다. 하지만 산업화한 오늘날 인류가 소비하는 것만큼 고기를 많이 먹지는 않았습니다. 소고기, 돼지고기, 닭고기, 생선을 이토록 쉽게 사 먹는 것이 인간의 자연스러운 식단이라 보기는 힘듭니다. 산업 혁명의 발상지인 영국에서 '자연식' 운동이 시작된 것은 환경오염과 건강 악화에 대한 반작용이라 볼 수 있습니다.

19세기 말, 베지테리언 협회는 내분을 겪습니다. 맨체스터파와 런던파로 갈립니다. 맨체스터파는 고기만 먹지 않으면 베지테리언이라고 정의합니다. 우유, 달걀, 치즈, 버터 등은 먹어도 된다는 것입니다. 심지어는 닭고기, 생선을 먹는 사람도 준회원으로 받아줍니다. 이때 맨체스터 베지테리언 협회의 회원 수는 급격히 늘어납니다. 반면 런던파는 맨체스터파가 지나치게 타협한다고 비판합니다. 런던 베지테리언 협회에는 생

스베덴보리

존 프랭크 뉴턴

윌리엄 람베

마하트마 간디

식이나 완전 채식을 하는 사람도 꽤 있었습니다. 유제품과 달걀을 먹는 사람이 주류이기는 했지만, 적어도 닭고기나 생선을 먹으면서 베지테리언이라고 하는 것은 안 된다고 합의했습니다. 인도에서 온 유학생 마하트마 간디도 런던 베지테리언 협회 회원이었습니다. 간디는 고기는 먹지 않았지만, 유제품은 먹었습니다. 베지테리언의 정의에 관한 논쟁은 백 년 가까이 이어집니다. 어디까지는 먹어도 되고, 어디부터는 먹으면 안 되냐를 두고 계속 싸웁니다. 소는 안 되는데 왜 닭은 되나? 소고기는 안 되는데 왜 소젖은 되나? 채식주의의 논리적 일관성을 찾아가는 과정이었습니다.

1944년, 도로시 왓슨과 도널드 왓슨 부부는 런던 베지테리언 협회를 탈퇴하여 새로운 단체를 세웁니다. 그들은 고기뿐만 아니라 우유, 버터, 치즈, 달걀 등 모든 동물성 식품을 삼가고, 생식을 선호했습니다. 왓슨 부부에게 베지테리언 협회는 모순덩어리였습니다. 소고기만 나쁜 게 아닙니다. 소의 젖을 짜내기 위해서도 송아지를 어미 소로부터 분리하고, 평생 강제 임신과 착유를 반복하다가, 결국 죽여서 먹는 것이 축산업의 현실입니다. 소고기보다 우유가 소에게 더 큰 고통을 야기합니다. 그럼에도 불구하고 소젖을 먹으면서 채식주의자라고 자부하는 것은 윤리적으로 타당하지 않습니다. 부부는 '베지테리언(vegetarian)'의 첫 세 글자(veg)와 마지막 두 글자(an)를 따서 '비건(vegan)'이라는 단어를 만듭니다. 베지테리언의 시작과 끝이 비건이라는 뜻입니다.

비건 소사이어티는 비거니즘을 다음과 같이 정의합니다. "음식, 의복 등 어떤 목적에서든 동물에 대한 모든 형태의 착취와 학대를 최대한 배제하고 나아가 인간, 동물, 환경에 이로운 식물성 대안의 개발과 이용을 장려하는 철학과 삶의 방식." 피타고라스와 스베덴보리 등의 종교 사상에 뿌리를 두고 있지만, 20세기형 채식주의인 비거니즘은 무엇보다 윤리적 일관성에 초점을 맞춥니다. 윤회 또는 성경에 대한 믿음과 상관없이 모든 동물 착취 및 학대를 반대하고 식물성 대안을 좇는 철학입니다. 비거니즘은 동물권 운동과 결합하여 점차 주류 사회로 퍼져나가고 있습니다. 요즘 대한민국에서도 '비건'이라는 말을 음식, 화장품, 의류 광고 등에서 흔히 만나볼 수 있습니다. 동물권을 옹호하지 않더라도, 건강이나 환경에 대한 걱정으로 비건 제품을 소비하는 인구가 급격히 늘어나고 있습니다.

베지테리언을 '채식주의자', 비건을 '완전채식주의자'로 번역하는 일이 많습니다. 하지만 비거니즘을 채식주의의 한 종류라고 보는 것은 오류입니다. 음식에 국한하지 않기 때문입니다. 소젖을 먹으면서 소고기를 먹는 것이 문제라면 소가죽을 쓰는 것도 똑같습니다. 먹는 것뿐만 아니라 입고 쓰는 것 등 소비 생활 전반에서 동물에 대한 도덕적 영향을 따져야 합니다. 비거니즘은 단순히 음식에 대한 취향이 아닌, 인간과 동물의 관계에 대한 정치사상이라고 보아야 합니다. 특히 20세기 후반, 비건이라는 정체성은 동물권과 결합하면서 확고한 윤리적·정치적 의미를 갖게 되었습니다. 모든 종류의 동물 착취와 학대를 끝내고자 하는 신념을 가진 사람을 뜻하는 말로 자리 잡았습니다.

동물 해방과 채식주의는 이렇게 만납니다. 비거니즘의 목표는 다름 아닌 동물 해방이며, 동물권을 옹호한다면 비건이 되어야 합니다. 그러나 이번 장에서 알아봤듯이 채식주의의 역사에는 여러 흐름이 함께합니다. 피타고라스와 싯다르타처럼 종교적 이유가 있으며, 윌리엄 람베와 존 프랭크 뉴턴처럼 건강을 위한 이유도 있고, 도로시 왓슨과 도널드 왓슨처럼 윤리적 이유도 있습니다. 동물권은 비교적 최근에 탄생한 개념이지만, 동물권을 지탱하는 채식주의라는 사상은 인류 문명의 역사만큼이나 깁니다. 21세기에 들어서는 기후위기에 대한 경각심 때문에 채식을 실천하는 사람도 많아지고 있습니다.

공장식 축산의 탄소 배출량이 어마어마하기 때문이죠. 소, 염소 등 되새김질을 하는 동물은 똥과 방귀로 메탄을 방출하는데, 메탄은 이산화탄소보다 30배 강력한 온실가스입니다. 비건까지는 아니더라도 최소한 소고기나 소젖은 소비하지 않는 것이 '기후미식', 즉 기후위기 시대의 바람직한 식사라는 인식이 퍼지고 있습니다.

채식주의에 관한 풍부한 이해가 있어야 동물권의 가장 큰 걸림돌, '육식주의'를 넘어설 수 있습니다. 채식주의는 알겠는데, 육식주의는 또 뭘까요? 채식을 주장하고 실천하는 것이 하나의 철학, '주의'라면, 육식을 옹호하고 실천하는 것 역시 '주의'라고 보아야 합니다. 그것이 특별한 철학이라고 여겨지지 않는 것은 그만큼 육식주의가 우리 사회에 만연하기 때문입니다. 너무나도 당연하기 때문에 이름을 붙이고 분석할 이유조차 없다고 느껴집니다. 채식주의는 유별나고 '비정상적'이니까 논리와 정당화를 요구하지만, 육식주의는 아무런 해명을 할 필요가 없습니다. 이어지는 3장에서는 동물권을 보장하기 위해 우리가 반드시 타파해야 하는 관습, 이름하여 육식주의를 해부해보겠습니다.

우선 육식주의와 잡식주의를 구분해야 합니다. 인간은 자연 상태에서 잡식 동물입니다. 초식 동물도 육식 동물도 아니라는 뜻입니다. 사자와 호랑이 같은 육식 동물은 동물을 죽이고 살점을 뜯어 먹기 위한 신체 구조가 발달해 있습니다. 어금니가 대표적이죠. 인간의 손톱과 이빨은 동물을 날로 먹기에 부적절합니다. 칼로 자르고 불로 구운 뒤에야 소화할 수 있습니다. 인간과 가장 가까운 영장류 친척들은 사실상 초식 동물에 가깝습니다. 보노보, 침팬지, 고릴라, 오랑우탄 등은 풀과 열매와 벌레를 주로 먹습니다. 인류는 도구를 사용하고 언어를 통해 조직적으로 사냥하면서부터 고기를 먹기 시작했고, 이때부터 두뇌의 크기도 폭발적으로 커진 것으로 추정합니다. 하지만 직접 사냥해서 먹는 것보다 육식 동물이 먹다 남은 고기나 골수를 먹는 일이 더 많았을 겁니다. 어쨌든 인간은 잡식 동물인 것이 분명하고, 진화의 시간 동안 동물성 음식보다는 식물성 음식을 절대적으로 많이 먹어왔습니다. 지금처럼 치킨과 햄버거와 피자와 삼겹살과 순대와 곱창을 쉽게 먹을 수 있는 것은 역사상 처음입니다. 인간은 잡식 동물이기 때문에 초식과 육식 중 선택할 능력이 있습니다. 오늘날 대부분의 사람은 식물성 음식과 동물성 음식을 모두 '골고루' 먹어야 한다고 믿습니다. 이는 정확히는 육식주의가 아니라 잡식주의입니다. 인간은 원래 잡식 동물이니 잡식 식단을 먹어야 한다는 것입니다.

정말 극소수이지만, 인간이 육식 동물과 같은 식단을 먹어야 한다고 믿는 사람도 최근 생겨나고 있습니다. 식물성 음식을 전혀 먹지 않고 동물성 음식만 먹어야 한다는 주장입니다. 저탄수화물 고지방 '키토제닉' 식단의 연장선에 있는 '카니보어' 식단입니다. 소고기와 소금, 물만 먹는 경우도 있습니다. 의사들은 이런 식단이 건강에 매우 해롭다고 경고하지만 이

미 수년간 별문제 없이 지속하면서 건강상의 효과를 증언하는 이도 있습니다. 지금까지 평생 육식만 하면서 무병장수했다는 사례는 없기 때문에 물론 경계해야 합니다. 하지만 인간이 육식만 하면서 건강히 살 수 있다는 가능성을 아예 배제할 수는 없습니다. 반대로 채식주의자 중에서 식물도 고통을 느낀다고 믿어서 땅에 떨어진 과일, 낙과만 먹는 사람도 있습니다. '프루테리언'이라고 불리는 이들은 인간이 식물의 열매만으로도 건강히 살 수 있다고 믿으며, 실제로 그렇게 사는 경우도 많습니다. 인간의 체질은 개인에 따라 정말 천차만별이기 때문에 어떤 식단이 건강에 제일 좋은지는 일반화하기 어렵습니다. (1929년생 박병구 씨는 평생 삼시세끼 라면만 먹으면서 건강을 유지하다가 2020년 92살의 나이로 별세했습니다.) 의사에 따라서 어떤 식단이 좋은지도 의견이 다릅니다. 한 가지 확실한 것은 완전한 식물성 식단, 비건 식단으로도 인간은 충분히 건강하고 풍요로운 삶을 영위할 수 있다는 사실입니다. 이미 서양에서는 삼대가 비건인 가족도 많습니다. 고기, 생선, 달걀, 우유 등 동물성 제품을 전혀 먹지 않아도 최소한 잡식주의자만큼은 건강히 살 수 있다는 것이 과학적인 합의입니다. 인간의 필수 영양소 중 식물성 식단에서 얻지 못하는 것은 없습니다.

카니보어
버터를 두른 팬에 소고기를 구워 먹지.
채소는 안 먹어!
프루테리언
스티브 잡스도 한시적 프루테리언이었다지?
억지로 과일을 따선 안 돼.
비건
고기 말고도 먹을 수 있는 게 정말 많아!
아주 건강한 식단이라고!

일부 전문가는 건강을 위해서라도 비건이 되어야 한다고 주장합니다. 동물성 식단, 특히 가공육과 적색육, 우유 등을 소비하는 것은 심혈관 질환과 암을 비롯한 온갖 성인병을 유발한다는 연구 결과 때문입니다. 실제로 세계보건기구는 가공육을 1군 발암 물질, 적색육을 2군A 발암 물질로 분류했습니다. 완전식품으로 광고하는 우유 역시, 원래 송아지의 성장을 유도하는 젖이기 때문에 인간이 마셨을 경우 지나치게 빠른 발육을 야기할 수 있습니다. 인슐린유사성장인자-1이 문제입니다. 소는 인간보다 세 배 빨리 자랍니다. 인간 어머니의 젖도 성인이 되면 안 마시기 마련인데, 소의 젖을 다 커서 마시는 것은 성인병으로 가는 지름길입니다. 물론 고기와 우유를 평생 먹고도 건강하게 사는 사람이 많습니다. 흡연을 평생 해도 폐암에 안 걸리는 사람이 더 많습니다. 저는 여기서 채식이 잡식보다 무조건 건강에 더 좋다고 주장할 생각은 없습니다. 다만 인간이 원래 잡식 동물인 것은 맞지만, 완전 채식 식단으로도 문제없이 살 수 있다는 점을 강조하고 싶습니다. 비건 식단으로 바꾼 후, 확실한 건강상의 효과를 보는 사람이 많습니다. 저는 평생 골칫거리였던 '등드름(등에 나는 여드름)'이 비건이 된 후 말끔히 사라졌습니다.

이번 장에서 설명하는 '육식주의'는 인간이 육식 동물처럼 먹어야 한다는 '카니보어' 식단과는 다릅니다. 채식주의가 반대하는 이념으로서 육식주의를 말합니다. 채식주의가 동물성 음식을 지양하고 식물성 대안을 추구하는 신념이라면 육식주의는 동물성 음식을 장려하는 모든 믿음을 포괄합니다. 누군가 채식주의자라고 밝히면 사회적으로 흔히 맞닥뜨리는 부정적인 반응이 전부 육식주의라는 이데올로기의 영향입니다. 사실 '육식주의'라는 말은 '채식주의'보다도 생긴 지 얼마 안 되었습니다. 1장에서 이야기한 것처럼 제가 대학생 때 만난 멜라니 조이라는 심리학자가 2001년에 지어낸 용어입니다. 이제야 이름이 붙여졌다는 것은 그만큼 인간 사회에 뿌리 깊게 자리 잡고 있었다는 증거입니다. 고기를 먹어야 한다는 생각을 너무나도 당연하게 여겼기 때문에 하나의 사상이나 철학, 이데올로기로 치부하지 않았습니다. 성차별적인 남성 중심 사회를 비판하기 위해서는 가부장제라는 이념을 이해해야 하듯이, 종차별적인 인간 중심 사회를 비판하기 위해서는 육식주의라는 이념을 이해해야 합니다. 그것에 처음으로 이름을 붙이고 분석한 사람이 바로 멜라니 조이입니다. 그는 육식주의를 다음과 같은 네 가지 'N'으로 설명합니다.

첫 번째 N.
Natural
육식은 자연스럽다

육식주의를 지탱하는 가장 중요한 요소는 '고기를 먹는 행위는 자연스럽다'는 생각입니다. 이는 일부 맞는 이야기입니다. 위에서 말한 것처럼 인간은 잡식 동물로서 진화해왔습니다. 따라서 아예 고기를 먹지 않는 초식 동물이나 아예 풀을 먹지 않는 육식 동물처럼 사는 것은 둘 다 자연스럽지 않습니다. 다시 말해, 인간이 고기를 먹는 행위 자체가 부자연스럽다고 말하기는 힘듭니다. (물론 그렇게 주장하는 사람도 있습니다.) 하지만 공장식 축산이 만연한 오늘날, 대한민국의 평균적인 소비자가 먹는 고기, 생선, 달걀, 우유의 양은 전혀 자연스럽지 않습니다. 기계적인 생산, 도살, 유통 방식 덕분에 역사상 유례가 없

을 정도로 수많은 동물을 철저히 인간의 입맛을 위해 소비하고 있습니다. 국내에서만 2020년 한 해에 식용으로 도살되는 동물 수가 12억이 넘습니다. 이는 물살이를 제외한 숫자입니다. '생선', '해산물', '회', '물고기'라 불리는 물살이의 죽음을 톤으로 기록합니다. 정확한 숫자조차 가늠할 수 없습니다. 과연 이토록 체계적이고 잔혹한 대학살이 자연스러울까요? 배달 앱으로 치킨을 시켜 먹거나 마트에서 삼겹살을 사 오는 것도 딱히 자연스럽지 않습니다. (철학적으로 따지면 인간도 자연의 일부이기 때문에 인위적인 것도 자연스럽다 볼 수 있습니다. 하지만 이 책에서 '자연스럽다'는 인위적이지 않다는 뜻으로 쓰겠습니다.) 동물권 운동의 가장 큰 과제는 공장식 축산을 철폐하는 것입니다. 인류 역사상 가장 큰 죄악이라고 불리는 공장식 축산은 어쩌면 자연과 가장 거리가 먼 인간의 행위일지도 모릅니다.

고기를 먹는 것이 자연스럽다고 주장할 때는 또 다른, 더 중요한 가치 판단이 깔려 있습니다. 바로 자연스럽기 때문에 괜찮다는 것입니다. 언제 어디서나 24시간 편의점에 들어가면 튀긴 닭의 사체를 매우 저렴한 값에 사 먹을 수 있다는 현실이 자연스럽지는 않다고 인정해도, 인간이 닭을 먹는 것 자체는 자연의 순리라고 믿을 수 있습니다. 사자가 사슴을 먹고, 소가 풀을 먹듯이, 먹이 사슬에 따라 인간도 다른 동물을 먹는 것이 당연하다는 것입니다. 이러한 관점에는 충분히 일리가 있습니다. 다시 말하지만, 인간이 완전채식주의자, 비건으로 사는 것이 꼭 자연스러운 일은 아닙니다. 신념에 따른 의식적인 선택입니다. 그래서 공장식 축산에 반대하는 사람도 동물 복지 달걀을 먹거나 직접 사냥한 고기를 먹는 것 등에 대해서는 찬성하는 경우도 있습니다. 전 세계적으로 1분당 동물 수 12만 4천이 학살당하는 작금의 현실은 분명 문제가 있지만, 인간이라는 동물이 육식을 하는 것 자체는 문제시할 수 없다는 것입니다. 자연스러운 행위는 도덕적으로 문제가 없다는 가정입니다. 이러한 생각은 제가 2장에서 소개한 윌리엄 람베나 존 프랭크 뉴턴처럼 채식이 자연식이라고 주장하는 입장과 모순되어 여러 혼란을 야기합니다. 채식주의자 중에는 채식이야말로 진정 자연스러운 식단이라고 믿는 이들이 많기 때문에 고기를 먹는 것 자체가 자연스럽냐 아니냐의 논쟁으로 번지곤 합니다.

동물권은 채식이 자연스럽다는 주장에 근거하지 않습니다.

자연스러운지 부자연스러운지는 사실 중요하지 않습니다. 무엇이 윤리적이고 정의로운지가 중요합니다. 인권을 주장할 때 우리는 인간이 서로의 권리를 보호하는 것이 자연스럽다고 말하지 않습니다. 전쟁과 폭력도 육식만큼 자연스럽습니다. 인류가 미개했을 때는 식인 문화도 흔했습니다. 하지만 우리는 인간에 대한 살해와 학대와 착취는 아무리 그것이 자연스러운 정글의 법칙이더라도 더 이상 용납하지 않기로 했습니다. 인권의 이름으로 약자를 보호하고, 인종차별과 성차별을 뿌리 뽑기 위해 노력합니다. 동물권을 믿는 것은 종차별에 맞서 싸우는 것입니다. 인간이 다른 종의 동물을 지금처럼 함부로 대하는 것은 과거 백인종이 유색 인종을, 남성이 여성을 착취했던 것과 똑같이 부조리하다고 믿는 것입니다. 따라서 우리는 '육식은 자연스럽다'는 이야기를 들었을 때, '전쟁은 자연스럽다', '폭력은 자연스럽다', '불평등은 자연스럽다' 등의 말을 들었을 때와 똑같은 반응을 해야 합니다. 자연 상태에서 인간은 잡식 동물인 것도 맞지만 온갖 비윤리적이고 잔인한 행위를 저지르는 것도 맞습니다. 인류가 문명을 건설하고 더 나은 사회를 만들어가는 과정은 자연스러운 행위 중에 무엇이 옳고 그른지 따지고, 옳은 방향으로 나아가는 것입니다. 인권의 확장을 위해 노력해온 지난 250년이 유의미한 변화를 가져온 것처럼 앞으로는 동물권의 보장을 위해 힘쓰는 것이 역사의 진보입니다.

✦

두 번째 N.
Normal
육식은 정상이다

채식주의자는 스스로를 설명해야 하지만 잡식주의자는 그럴 필요가 없습니다. 육식을 하는 것이 정상이고, 육식을 하지 않는 채식주의자는 비정상이라는 기본 전제가 깔려 있기 때문입니다. 하지만 우리는 정상과 비정상을 구분하는 잣대를 경계해야 합니다. 역사상 수많은 비윤리적이고 잔혹한 행위를 정상이라는 논리로 정당화했기 때문입니다. 정상이란 다수의 사람이 하고 있다는 뜻에 불과합니다. 비정상으로 치부하는 것은 소수의 사람이 하는 것, 비주류에 속한다는 것을 의미합니다. 예를 들어 과거에는 남녀 간의 사랑만이 정상이고 남자와 남자 또는 여자와 여자의 사랑은 비정상이라는 믿음이 지배했습니다. 이성애자가 다수고 동성애자는 소수이기 때문입니다. 하지만 이제는 성 정체성에 상관없이 사랑은 사랑이라는 생각이 퍼지고 있습니다. 가부장제는 남자가 한 가정의 우두머리, 즉 가장인 것이 자연스러울 뿐 아니라 정상이라고 가르칩니다. 남자는 바깥일을 하고 여자는 집안일을 해야 한다는 편견입니다. 하지만 여성의 권리가 확대되면서 성차별이 무너지

고, 과거에는 정상이었던 것이 이제는 이상합니다. 얼마 전까지만 해도 가정, 학교, 군대에서 '잘못하면 맞는 것이 정상'이라는 생각이 팽배했습니다. 하지만 때리는 것이 점점 비정상이라는 인식이 확산하고 있습니다. 이처럼 정상과 비정상, 주류와 비주류의 구분은 늘 바뀝니다. 육식이 정상이고 채식이 비정상이라는 고정 관념도 마찬가지입니다. 동물권 의식이 자리 잡아서 종차별이 무너지면 채식이 비정상이라는 편견도 사라질 것입니다.

사람들이 고기를 먹는 이유는 사람들이 고기를 먹기 때문입니다. 남들이 먹으니까 먹습니다. 철저히 문화적인 것입니다. 책의 서두에서 고백했듯이 제가 개고기를 먹었던 이유는 아버지가 개고기를 드셨기 때문입니다. 아버지가 말고기나 비둘기고기를 드셨다면 저는 그것을 먹었을 것입니다. 옛날에 인류가 야만적이었을 때는 인육도 먹었습니다. 다수가 인육을 먹는 사회에 태어나면 인육을 먹는 것이 정상이고, 다수가 개고기를 먹는 사회에 태어나면 개고기를 먹는 것이 정상입니다. 저는 다수가 소, 돼지, 닭고기를 먹는 사회에 태어났기 때문에 어렸을 때부터 그것이 정상이라고 믿었습니다. 만약 아무도 고기를 먹지 않는 사회에 태어났다면 육식이 비정상이라고 느꼈을 것입니다. 앞으로 동물권을 인권처럼 보장하면, 채식이 정상이 될 것입니다. 그러한 사회에 태어난 사람은 다수가 채식을 하니까 당연히 채식을 할 것이고, 육식을 주장하는 사람은 스스로 변명할 일이 많을 것입니다.

세 번째 N.
Necessary
육식은 필요하다

윤리적인 이유로 공장식 축산에 반대하더라도 어느 정도의 육식은 불가피하다는 입장이 있습니다. 영양 보충을 위해 인간은 육식을 해야만 한다는 것입니다. 완전 채식만 해서는 필수 영양소를 모두 섭취할 수 없다는 막연한 걱정이 깔려 있습니다. 일단 이는 과학적으로 아무런 근거가 없는 두려움입니다. 탄수화물, 단백질, 지방 모두 식물을 통해 소비할 수 있습니다. 흔히들 비건 식단으로는 비타민 B_{12}를 섭취할 수 없다고 걱정합니다. 하지만 요즘은 두유, 대체육 등 비건 제품에 비타민 B_{12}가 함유되고, 따로 보충제를 먹어도 되기 때문에 문제가 없습니다. 채식과 육식 중 무엇이 더 건강에 좋은지는 차치하더라도, 완전 채식만으로 평생 매우 건강히 살 수 있다는 사실은 의심할 여지가 없습니다. 오히려 평균적으로 비건이 논비건 (non-vegan, 비건이 아닌 사람)보다 건강합니다. 그럼에도 불구하고 많은 사람이 여전히 채식은 무언가 자연스럽지 않고 비정상적일 뿐만 아니라 영양학적으로 불균형할 수밖에 없다는 편견을 가지고 있습니다.

심지어 아이에게 비건 식단을 주는 것이 아동 학대가 아니냐는 질문도 받은 적이 있습니다. 한창 자라날 나이에 고기, 생선, 달걀, 우유를 많이 먹어야 쑥쑥 자란다는 것입니다. 어떤 것이 학대일까요? 스팸이나 소시지, 햄버거같이 명백한 발암 물질이자 잔학하게 도살된 동물의 항생제 덩어리 사체를 먹이는 것이야말로 학대 아닐까요? 비건 청소년이 비교적 발육이 느린 것은 사실입니다. 하지만 결국 따라잡아서 결과적으로는 비슷해집니다. 이는 요즘 어린이가 과도한 동물성 제품 섭취로 인해 조숙하기 때문입니다. 지난 반세기 동안 대한민국의 식단이 서구화되고 육식 위주로 바뀌면서 여자아이의 초경 연령은 급격히 낮아졌습니다. 빨리 자란다는 것은 나중에 성인병 발병률이 높아진다는 뜻입니다. 오늘날의 학교 급식이 아동 학대가 아니라면 아이를 비건으로 키우는 것 역시 학대일 수가 없습니다.

육식이 불가피하다고 믿는 미신의 핵심에는 단백질 신화가 있습니다. 아이가 성장하기 위해서나 운동을 해서 몸을 키우기 위해서는 반드시 동물 단백질을 섭취해야 한다는 믿음입니다. 하지만 고기에 들어있는 단백질은 어디서 오는 걸까요? 동물이 먹은 식물에서 옵니다. 곡식과 야채와 과일 등에서 유래합니다. 동물 단백질이란 식물 단백질에다가 콜레스테롤을 더하고 식이섬유를 뺀 것이라 볼 수 있습니다. 흔히들 우유가 완전식품이라고 말하면서 채식은 단백질을 구성하는 필수아미노산이 부족하다고 염려합니다. 하지만 인간이 반드시 섭취해야 하는 아홉 가지 필수아미노산은 현미, 메밀, 콩, 퀴노아 등 곡류와 아보카도와 같은 과일에도 전부 들어있습니다. 지구상에서 가장 '몸이 좋은' 고릴라, 코끼리, 말, 소 같은 동물도 전부 채식을 합니다. 요즘은 운동선수나 보디빌더 중에서 철저히 퍼포먼스나 건강을 위해 비건 식단을 선택하는 경우도 많습니다. 영화 〈터미네이터〉의 주인공 아놀드 슈왈제네거와 권투 선수 마이크 타이슨도 비건입니다. 테니스 선수 비너스 윌

리엄스, F1 레이서 루이스 해밀턴, 미식축구 선수 콜린 캐퍼닉도 마찬가지입니다. 과거 로마의 검투사도 전투력 향상을 위해 채식을 했습니다. 채식은 피를 맑게 하여 혈액 순환과 피로 회복에 탁월하기 때문입니다.

한국에서 단백질 신화와 유사한 것이 정력 신화입니다. 저는 식당에 가서 고기를 빼고 음식을 조리해달라고 부탁했다가 "남자는 고기를 먹어야 힘을 쓴다"는 꾸지람을 들은 적이 있습니다. 사실 한국 사람이 복날에 개고기를 먹는 가장 큰 이유는 정력에 대한 미신 때문입니다. 개고기가 특별히 남성의 성기능을 강화한다는 과학적인 증거는 없습니다. 개 농장같이 비위생적인 환경에서 항생제를 투여하여 키운 개의 사체를 먹는일은 오히려 독이 됩니다. 정력이란 발기며 발기란 혈액 순환입니다. 피가 쏠려서 성기가 커지는 현상입니다. 채식이 육식보다 혈액 순환에 훨씬 좋습니다. 영화 〈아바타〉의 감독이 제작한 다큐멘터리 〈게임 체인저스〉에는 육식주의적 정력 신화를 깨부수는 간단한 실험이 나옵니다. 미식축구 선수를 대상으로 채식과 육식을 제공하고 다음 날 비교한 결과, 채식을 한선수의 성 기능이 강화된 것으로 드러났습니다.

다시 말하지만, 저는 비건이 무조건 더 건강하다고 주장할 생각은 없습니다. 통계적으로 그런 것은 사실이지만, 개인의 체질은 천차만별이기 때문에 한 가지 식단이 모든 사람에게 최선일 수는 없습니다. 채식을 하더라도 본인의 필요에 맞게 골고루 먹는 것이 중요하며, 잡식을 해도 충분히 건강할 수 있습니다. 그러나 어린이의 성장, 운동선수의 실력, 남성의 정력 등을 위해 육식이 불가피하다는 사회적 편견은 명백한 오류입니다. 채식으로도 필요한 모든 영양소를 섭취할 수 있으며, 오히려 잡식보다 장내 미생물 생태계에도 좋고, 영양학적으로도 풍부한 식단이라는 연구가 많습니다. 인간이 살기 위해 어쩔 수 없이 먹어야 하는 동물성 음식은 없습니다.

네 번째 N.
Nice
육식은 맛있다

멜라니 조이는 원래 육식주의를 지금까지의 세 가지 'N(자연스 럽고, 정상이며, 필요하다)'이 지탱한다고 분석했다가, 추후에 네 번째 'N'을 추가했습니다. 바로 'Nice(맛있다)'입니다. 환경에 대한 경각심이 커지면서 채식이 바람직한 선택이라는 인식도 확산하고 있지만, 여전히 대부분의 사람은 육식을 쉽게 포기 하지 못합니다. 가장 큰 이유는 육식이 그냥 좋기 때문입니다. 단순히 고기, 생선, 달걀, 우유 등의 식감이 좋은 것도 있지만, 우리가 식사할 때는 분위기, 같이 먹는 사람과의 대화 등 음식 을 둘러싼 문화적 의식도 중요합니다. 예를 들어, 회식 때는 삼 겹살을 먹어야 한다든가, 엠티 때면 바비큐를 해야 한다든가,

상견례 때는 비싼 한우집이나 횟집에 간다든가 등등, 우리 사회 전반에는 육식이 '풀떼기만 먹는' 채식보다 즐거운 행위라는 생각이 만연합니다. 동물권 운동은 육식주의의 네 번째 'N'을 진지하게 받아들여야 합니다. 이미 절대다수의 사람이 육식에 중독된 상황에서, 육식을 중심으로 하는 우리의 식문화를 어떻게 더 즐겁고, 맛있고, 재밌는 채식 문화로 대체할 수 있을지 고민해야 합니다. 저도 채식주의자가 된 후에 가장 불편했던 것은 회식 자리였습니다. 지금도 밴드 '양반들'은 저 빼고 나머지 넷이 다 잡식주의자입니다. 그래서 회식이 매우 드뭅니다. 밴드 다른 멤버들은 바닷가에서 횟집에 가고 싶다든가, 공연이 끝나고 불판에 고기를 구워 먹고 싶다든가, 뒤풀이 다음 날 아침에는 국밥을 먹고 싶다는 욕망이 크지만, 저는 리더로서 그런 소원을 들어주지 못합니다. 아직 비건을 위한 옵션이 부족하기 때문에 집 밖에서 채식 식사를 하는 일은 육식보다 불편합니다. '나이스'하지 못한 때가 많습니다.

물론 저는 개인적으로 채식을 하면서 음식을 대하는 즐거움이 훨씬 커졌습니다. 채식이란 우리 식탁 위에 올라오는 음식이 땅에서부터 나의 입까지 오는 여정을 곰곰이 따져보는 일입니다. 그 과정에서 동물의 고통은 없었는지, 환경에 대한 피해는 얼마나 컸는지 확인합니다. 그러면서 저는 육식을 할 때보다 자연과 가까워졌고 곡물, 과일, 야채, 해초 등 다양한 식물을 알게 되었습니다. 직접 장을 보고 요리를 하면서 하루 세 번 치르는 '식사'라는 의식에 감사한 마음이 들었습니다. 하지만 잡식주의자 입장에서는 채식에 도전하는 것을 번거롭게 느낄 수 있습니다. 마치 흡연자가 담배를 끊는 것처럼, 즐거움을 포기하는 금욕적인 결단으로 보일 수 있습니다.

감사히 잘 먹겠습니다!

앞의 세 가지 'N'은 오해이자 오류이기 때문에 인식 개선을 통해 바꿀 수 있습니다. 하지만 네 번째 'N'은 철저히 주관적인 견해인 만큼 설득으로 해결될 일이 아닙니다. 채식주의자가 많아지면서 채식 식당과 메뉴가 늘어나고, 그를 둘러싼 식문화가 자리 잡는 것밖에 방법이 없습니다. 이미 여러 기업이 나서서 비건 메뉴를 개발하고 보급하고 있습니다. 육식의 맛을 식물성으로 대체할 수 있는 길이 열립니다. 저는 밴드 동료들과 바비큐를 하면서 비건 소시지를 굽고, 비건 라면과 비건 만두를 대접할 수도 있습니다. 비건 해장국 집도 문을 열었고, 비건 치즈, 우유, 달걀 제품도 등장했습니다. 아직 소비자 가격이 동물성 제품보다 비싼 것이 사실입니다. 하지만 이는 규모의 경제 때문입니다. 소비자가 늘어날수록, 즉 수요가 늘어날수록 비건 제품의 가격 대비 경쟁력도 기하급수적으로 올라갈 것입니다. 식물성 대체육뿐만 아니라 줄기세포를 이용해 실험실에서 만드는 배양육도 개발 중입니다. 고기와 똑같은 맛이지만, 동물의 고통과 죽음을 야기하지 않습니다. 비건 제품은 반도체처럼 연구하고 발전하기 때문에 성장 가능성이 무한합니다. 사람들이 동물성 제품을 소비하는 건 맛있기 때문이지 동물을 죽이고 싶어서가 아닙니다. 맛도 가격도 나아진다면, 누구나 식물성 대안을 택할 것입니다. 예측하건대, 늦어도 10년 안에는 육식보다 채식이 '맛있다', '나이스하다'는 생각이 주류를 이룰 것입니다. 오직 맛을 위해 동물을 학대하고 학살했던 공장식 축산이 비윤리적일 뿐만 아니라 얼마나 비효율적이었는지 되돌아볼 수 있을 것입니다.

이번 장에서는 육식주의의 네 가지 기둥을 살펴보았습니다. 동물권을 보장하려면 채식주의를 퍼뜨려야 하고, 육식주의를 무너뜨려야 합니다. 하지만 모든 사람이 동물권을 옹호해서, 윤리적인 이유로, 의식적으로 당장 채식주의자가 되기를 바라는 것은 비현실적입니다. 도살장으로 끌려가는 소는 인간이 어떤 동기로 채식을 하는지 모릅니다. 동물권 운동은 의도보다 결과가 중요합니다. 동물이 느끼는 고통의 총량을 줄여야 합니다. 그러기 위해서는 어떤 식으로든 채식주의자를 늘려서 비건 세상을 앞당겨야 합니다. 다음 장, '비건 세상 만들기'에서는 잡식주의자를 설득하기 위한 실용적인 방법을 알아봅니다.

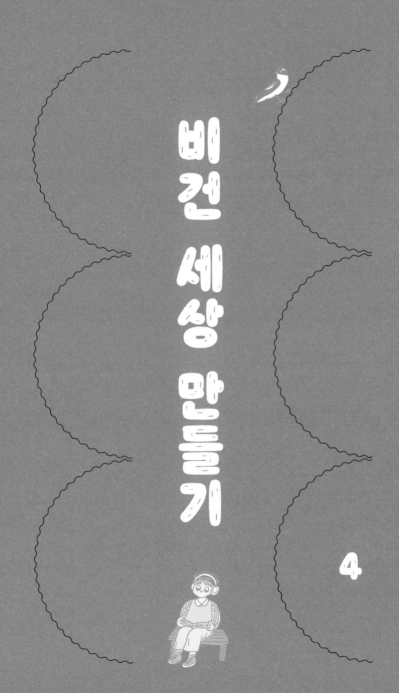

동물권을 보장하는 세상은 반드시 비건 세상입니다. 하지만 모두 비건이 된다고 해서 반드시 동물권이 보장되는 것은 아닙니다. 아무도 육식을 하지 않지만 여전히 동물권을 헌법에 명시하지 않을 수도 있습니다. 따라서 동물권 운동과 비건 운동의 목표가 완전히 똑같다고 볼 수는 없습니다. 물론 지금처럼 육식주의가 지배하고 대부분의 사람이 육식을 하는 사회보다는 채식이 기본인 비건 세상에서 동물의 권리를 옹호하는 일이 훨씬 쉬울 것입니다. 사회 전체가 아닌 개인으로 봐도 그렇습니다. 고기를 맛나게 먹고 있는 사람에게 가서 동물해방과 같은 윤리적인 이야기를 하면 십중팔구 듣기 싫어합니다. 물론 개중에는 충격을 받거나 설득당해서 마음을 고쳐먹는 사람도 있습니다. 하지만 이미 고기 맛에 중독되었고, 고기 없이 못 살겠다는 사람에게 도덕을 강조하면 애써 외면을 당하거나 오히려 역효과를 낳을 수 있습니다. 반대로 건강, 환경, 종교 등 다른 이유에서 이미 채식을 실천하고 있거나 관심을 가진 사람에게는 동물권을 이야기해도 거부 반응이 적습니다.

'배알이 꼴린다'라는 표현이 있습니다. 창자가 뒤틀린다는 뜻인데, 비위가 거슬릴 만큼 아니꼬울 때 씁니다. 동물권에 관한 이야기는 대다수 사람의 식생활을 정면으로 비판하기 때문에 배알이 꼴릴 수밖에 없습니다. 채식주의자는 고기를 보면 비위가 상하고, 반대로 잡식주의자는 고기를 먹는데 누가 뭐라 하면 불편합니다. 어느 쪽으로든 굉장히 예민한 주제입니다. 하루 세 번 치르는 '식사'라는 의식을 완전히 바꿔야 하기 때문입니다. 쉽지 않지만, 동물권을 위해서는 피할 수 없습니다. 지금으로서는 공장식 축산 철폐가 가장 시급한 과제입니다. 축산 동물, 전시 동물, 실험 동물, 반려 동물 중 인류가 먹기 위해 이용하는 가축의 고통이 제일 크기 때문입니다. 우리는 어떻게든 육식주의 사회를 채식주의로 바꿔야 합니다. 동물권이라는 이상을 실현하기 위해 채식주의를 효과적으로 전파할 고민을 해야 합니다.

저를 비롯한 동물권 운동을 하는 사람은 모두 윤리적 이유로 채식하기를 소망합니다. 단지 나의 건강을 위해서 혹은 기후위기를 막기 위해서가 아니라, 동물도 인간과 평등한 권리의 주체이기 때문에, 그들을 죽이고 먹는 것은 옳지 않기 때문에, 채식을 하길 바랍니다. 실제로 도덕적인 신념으로 채식을 실천하는 사람이 가장 중도 이탈율도 낮고, 오래 지속합니다. 투철한 가치관으로 무장했기 때문에 쉽게 흔들리지 않습니다. 반대로 다이어트를 위해 채식에 도전하거나 환경오염을 줄이기 위해 일주일에 하루 채식을 실천하는 사람은 다시 잡식으로 돌아가는 경우가 많습니다. 가장 열심히 동물을 위한 목소리를 내고, 채식을 전도하는 사람도 대부분 윤리적 채식주의자입니다. 저는 여러분이 동물권에 대한 저의 주장에 동의하고, 비인간 동물의 고통에 공감하여 채식을 실천하길 간절히 바라면서 이 책을 씁니다.

이번 장에서는 비건 세상을 앞당기기 위한 전략을 고민합니다. 저는 아무리 늦어도 2050년에는 대한민국이 동물권을 보장하기를 기대합니다. 30년 안에 전 국민이 비건이 되는 것을 상상하기란 쉽지 않습니다. 그러나 동물의 고통을 생각하면 그것도 매우 늦습니다. 하루라도 앞당겨야 합니다. 치밀하고 영리하게 움직여야 합니다. 전략적으로 사고하기 위해 일단 1장에서 이야기했던 인지 부조화 개념을 다시 살펴볼 필요가 있습니다.

생각보다는
행동을 바꾸자

'인지 부조화'란 심리학 용어입니다. 인간은 자기 생각과 행동이 불일치할 때 생각을 행동에 맞추려는 경향이 있습니다. 예를 들어, 우리는 원래 하기 싫은 일을 하는 것을 싫어합니다. 그러나 학교나 직장에서 하기 싫은 일을 어쩔 수 없이 해야 할 때가 많습니다. 등교나 출근을 하고 숙제나 과제를 내야 합니다. 그럴 때마다 점점 본인이 하기 싫은 행동을 정당화하는 방향으로 생각이 바뀝니다. '사실 나는 학교나 직장에 가는 일이 나쁘지 않아. 아니, 오히려 나는 매일 아침 같은 시간에 일어나서 같은 곳으로 향하는 삶이 참 좋아!' 생각과 행동의 불일치를 견디는 것보다는 생각을 바꾸는 것이 마음 편하기 때문입니다. 우리는 누구도 인지 부조화로부터 자유롭지 못합니다.

동물에 대해서도 마찬가지입니다. 대부분의 인간은 동물을 좋아하지만 동물을 먹는 것도 좋아합니다. 하지만 좋아하는 것을 먹는 것은 끔찍합니다. 여기서 인지 부조화가 발생합니다. 동물을 좋아하는 생각과 동물을 먹는 행동을 같이할 때, 그 불일치를 해결하는 방법은 둘 중 하나입니다. 생각을 바꾸거나 행동을 바꾸어야 합니다. 동물을 좋아하지 않는다고 생각하거나, 좋아하는 것을 먹는 행위를 정당화할 새로운 생각이 필요합니다. 그러한 방어 기제를 통틀어 육식주의라고 부릅니다. 3장에서 알아본 네 가지 'N'이 대표적입니다. 동물을 좋아하는 사람이 계속해서 동물을 먹다 보면, 점점 생각을 행동에 맞추는 쪽으로 바뀌는 것입니다.

채식주의는 반대로 행동을 생각에 맞추는 것입니다. 동물을 먹는 행위는 동물을 좋아하는 인간의 기본적인 생각, 생명을 소중히 여기는 마음씨에 어긋납니다. 여기서 생각을 바꾸는 대신 행동을 바꾸어야 채식주의자가 될 수 있습니다. 동물권 운동은 인지 부조화를 밝히는 데서 시작합니다. "여러분!

왜 우리는 동물을 사랑하면서 이토록 잔인하게 죽이는 걸까요? 과연 동물을 학살하는 일이 자연스럽고, 정상이며, 필요하고, 좋을까요? 우리의 행동에 생각을 맞추는 것보다 생각에 행동을 맞추는 건 안 될까요?" 사회를 향해 묻습니다. 저를 포함해서 동물권을 지지하는 사람은 대부분 인지 부조화를 극복하기 위해 비건이 되었습니다. 행동을 생각에 맞추고자 합니다. 동물을 죽이는 것은 옳지 않다는 분명한 생각을 가지고, 이에 따라 행동을 바꾸려고 노력합니다.

따라서 동물권 운동은 생각을 알리는 일에 집중했습니다. 사실 모든 사회 운동이 그렇습니다. 인권 운동도 교육과 계몽을 통해 대중의 의식을 개선하는 것이 최우선입니다. 올바른 생각이 서야 올바른 행동을 한다고 믿습니다. 결과만큼 의도가 중요합니다. 아무리 좋은 일을 해도 좋은 뜻으로 하지 않으면 문제입니다. 그래서 저는 동물권이라는 좋은 뜻을 여러분에게 알리기 위해 이 책을 쓰고 있습니다. 하지만 동물권 운동이 인권 운동과 다른 점이 있습니다. 비인간 동물은 여러분의 뜻을 알지 못한다는 사실입니다. 예를 들어 성차별을 없애려고 했을 때, 여성은 남성이 어떤 생각으로 행동하는지 이해합니다. 따라서 옳은 행동을 하는 것만큼 옳은 생각을 하는 것이 중요합니다. 아무리 남자가 여자를 배려해도 그것이 '내가 더 우월하니까 열등한 존재를 보호해야지'라는 생각 때문이면 잘 못된 것입니다. 종차별을 없애려고 할 때도 마찬가지입니다. 아무리 채식을 해도 그것이 동물을 보호하겠다는 시혜적인 태도라면 그것은 종평등이 아닙니다. 하지만 지금 제가 종차별이니 종평등이니 따지는 것은 철저히 인간을 위한 말입니다. 소, 돼지, 닭은 전혀 그러한 의도를 파악할 수 없으며 신경 쓰지도 않습니다. 그들에게 중요한 것은 어떻게 해서든지 고통과 죽음의 사슬을 끊어내는 일입니다. 진정 동물을 위한 운동은 생각의 잘잘못을 따져서는 안 됩니다. 누가 더 옳고 그른지 싸우는 것만큼 인간적인 짓거리도 없습니다.

그러니 이제부터 동물권 운동은 생각을 알리는 일보다 행동을 바꾸는 일에 집중해야 합니다. 비거니즘을 설득하는 것이 목표여서는 안 됩니다. 제가 책을 쓰고 강연하는 이유는 저의 옳음을 증명하고 여러분의 생각을 바꾸려는 것이 아니라, 결국 모두의 행동을 바꾸기 위해서입니다. 아무리 생각이 바뀌어도 행동이 바뀌지 않으면 동물은 죽습니다. 그래서 동물

해방이니 채식주의니 육식주의니 하는 이론을 여태까지 여러분에게 늘어놓았지만, 마지막 장에서는 실천을 강조합니다. 옳은 생각을 하는 것보다 옳은 행동을 하는 게 중요합니다. 다시 말해, 동물권을 이론적으로 설파하는 것보다 사람들이 채식을 실천하도록 유도하는 것이 동물의 권리를 더욱 증진합니다.

인지 부조화를 해결하는 방법은 두 가지라고 했습니다. 채식주의자는 행동을 생각에 맞추어 바꾼 사람입니다. 동물권 운동은 채식주의자가 주도하기 때문에 역시나 생각을 바꾸는 데 집중합니다. 본인이 그랬던 것처럼 주변 사람도 생각을 바꿔야 행동을 바꾸리라 믿습니다. 하지만 생각에만 집중하는 것은 비효율적입니다. 어떻게든 행동을 먼저 바꾸는 것이 나을 수도 있습니다. 단적으로, 친구에게 비건 음식을 대접하면서 동물권에 관해 이야기하는 것이 그냥 말로만 설득하는 것보다 훨씬 효과적입니다. 우선 상대의 행동, 즉 무엇을 먹고 쓰는지를 바꾸고 나면, 동물에 대한 그 사람의 생각을 바꾸는 것은 한결 쉬워집니다. 이미 건강, 환경, 종교 등의 이유로 채식을 실천하고 있는 사람은 동물권에 대해서 동의할 가능성이 매우 높습니다. 생각을 바꾸기 위해 행동을 바꾸지 않아도 되기 때문입니다. 한마디로, 동물권 운동은 일반인의 채식 선택권을 넓히기 위해 노력해야 합니다. 적어도 공장식 축산의 빠른 철폐가 최우선인 현시점에서는 그렇습니다. 가능한 모든 방법을 동원해서 사람들이 채식을 하도록 만들어야 합니다.

✦
비건 하나보다
비건 지향인 열이
낫다

물론 가장 이상적인 것은 지금 당장 5천만 대한민국 국민이 비건이 되는 것입니다. 하지만 아직 비건은 극소수이고 최대한 빨리 논비건의 행동을 바꾸어서 동물의 고통을 줄여야 한다고 했을 때, 우리는 비건의 숫자를 늘리는 일에만 집중할 수 없습니다. 완벽한 채식주의자가 아니더라도 채식을 지향하는 사람이 기하급수적으로 늘어나야 합니다. 단순하게 계산해봅시다. 사람 하나가 비건이 되면 얼마나 많은 동물을 살릴 수 있을까요? 기껏해야 하루 세 끼를 먹습니다. 세 끼에 해당하는 만큼의 동물을 살릴 수 있습니다. 그 이상의 효과는 내기 힘듭니다. 사람 셋이 하루 한 끼만 채식을 해도 비슷한 효과가 발생합니다. 마찬가지로 매주 월요일 채식하는 사람 일곱이 있으면 비건 하나와 같은 정량적 차이를 일으킵니다. 그래서 비건 하나보다 비건 지향인 열이 낫습니다. 비건 음식 소비의 총량이 늘어날수록 채식 시장이 커집니다. 시장이 커질수록 채식 선택권은 늘어나고, 이에 따라 비건 지향인이 되는 것도 쉬워집니다. 그렇다 보면 당연히 비건의 숫자도 늘어날 것입니다. 따라서 동물권 운동의 방향을 설정할 때도 우리는 완벽한 비건 하나보다 불완전한 비건 지향인 열을 만드는 데 집중해야 합니다. 당연히 비건 지향인 열보다는 비건 열이 낫습니다. 그러나 현실적으로는 비건보다 비건 지향인의 수가 훨씬 많을 수밖에 없습니다.

이러한 실용주의적 접근이 당장 무엇을 의미할까요? 윤리뿐만 아니라 환경, 건강, 종교 등 여러 가지 근거를 총동원하여 비건 지향인을 만들어야 합니다. 동물권이 본질적으로 윤리적인 문제라는 이유로 다른 사람에게도 윤리적인 잣대만 들이대서는 안 됩니다. 동물권이란 부정적인 이야기일 수밖에 없습니다. 동물의 고통을 줄이자는 취지입니다. 상대의 죄책감을 부채질하여 이타주의적인 태도를 갖도록 만듭니다. 반면 환경, 건강, 종교는 이기주의적인 각도로 접근할 수 있습니다. 육식을 줄여서 기후위기를 막는 것은 동물에게도 좋지만 일단 인간에게 좋습니다. 육식이 건강에 나쁘다고 인지하면 동물이 아닌 나를 위해서라도 채식을 실천합니다. 종교적인 신앙과 연결되면 영혼의 정화를 위해 더더욱 건실하게 채식을 합니다. 채식주의를 윤리·환경·건강·종교, 네 가지로 나누었지만 결국 다 같은 이야기입니다. 채식이란 전부 건강, 웰빙, 즉 '잘살기' 위한 행위입니다. 누구의 건강이냐만 다를 뿐입니다. 각각 동물의 건강(윤리), 지구의 건강(환경), 인간 몸의 건강, 인간 마음의 건강(종교)을 위한 의식입니다. 코로나19라는 인수공통 감염병을 겪으면서 우리는 동물이 아프면 인간도 아프다는 사실을 뼈저리게 느꼈습니다. 기후생태위기를 겪으면서 지구가 아프면 인간도 아프다는 진리를 깨닫습니다. 지구와 동물과 인간의 건강이 하나로 연결되어 있다는 개념을 '원헬스(One Health)'라고 부릅니다. 지구 뭇 생명의 건강은 하나입니다. 동물을 살리는 채식이 지구도 살리고 인간도 살린다는 사실이 저는 참 신기합니다. 모두 연결되어 있다는 우주의 이치가 아닐까 싶습니다. 윤리적인 당위성에 매몰되면 모두의 안녕이라는 참된 목적을 망각하기 쉽습니다. 긍정적인 이야기로

사람들을 설득해야 합니다. 육식이 왜 나쁜지 강조하는 것보다는 채식이 왜 좋은지 알려주는 것이 현명합니다. 그것이 더 많은 동물을 살리는 방법입니다.

불완전한 비건 지향인을 환영합니다. 어차피 이 세상에 완벽한 비건은 없습니다. 과일이나 곡물을 재배하다가 동물이 죽기도 합니다. 코로나 백신도 동물 실험을 했기 때문에 비건이 아닙니다. 영국의 한 비건 남성은 백신을 거부하다가 코로나에 걸려 사망했습니다. 백신을 맞지 않은 걸 후회한다는 유언을 남겼습니다. 모든 생명은 태어난 이상 다른 생명에 빚지고 삽니다. 동물성 제품을 전혀 소비하지 않는 비건이더라도 철저히 무해하다고 확신할 수는 없습니다. 누구나 어느 정도의 인지 부조화는 안고 살아갑니다. 생각과 행동의 불일치, 이상과 현실의 괴리, 이론과 실천의 간극을 겸허히 인정하되 최선의 결과를 위해 움직여야 합니다. 어떠한 이유에서든 조금씩 천천히 채식에 도전하는 사람이 있다면 다그치지 않고 너그러이 응원하는 게 좋습니다. 그래야 하루라도 빨리 비건 세상을 앞당길 수 있습니다.

◆

사람 백만이 모이면
나라가 바뀐다

5천만이 다 비건이 되는 날을 상상하기란 쉽지 않습니다. 십대뿐만 아니라 남녀노소 가리지 않고 모두 채식을 하는 나라가 가능할까요? 통계적으로 지금까지 채식을 하는 인구는 젊은 여성이 압도적으로 많습니다. 동물권을 옹호하는 사람 역시 젊은 페미니스트가 대다수입니다. 비건 세상 만들기라는 목표는 유토피아적인 공상처럼 들릴 수도 있습니다. 하지만 우리의 진짜 목표는 모두를 비건으로 만드는 것이 아닙니다. 비건 세상을 만들기 위해 모두 비건이 될 필요는 없습니다. 다시 말하지만, 사람들이 고기를 먹는 이유는 사람들이 고기를 먹기 때문입니다. 소수의 비건이 세상을 바꾸어서 고기를 먹지 않는 문화가 자리 잡으면 다수의 사람은 자연스레 고기를 먹지 않을 것입니다.

　사회를 바꾸기 위해 필요한 대중의 숫자를 크리티컬 매스 (critical mass)라고 합니다. 예를 들어 인구의 3~5퍼센트가 거리로 나오면 국가가 바뀝니다. 대한민국은 1919년 3·1 운동, 1960년 4·19 혁명, 1987년 6월 민주항쟁, 2016년 촛불 집회 때 확인했습니다. 사람 백만이 움직이면 정권도 따라옵니다. 미국 혁명과 프랑스 혁명 때도 소수가 세상을 바꾸었습니다. 어느 임계점을 넘으면 사회 변화는 막을 수 없습니다. 정확히 인구의 몇 퍼센트가 비건이 되어야 비건 세상이 올지는 저도 모릅니다. 만약 비건 백만이 거리로 나와 동물권 보장을 요구한다면 대한민국도 바뀔 것입니다. 5천만이 다 비건이 되는 것은 어려워 보여도 비건 백만을 만드는 것은 충분히 가능합니다. 해외 추세를 보면 10년 안에 가능할 것 같습니다. 현재 전 세계 비건의 숫자는 1퍼센트도 되지 않습니다. 하지만 영국, 이스라엘, 호주, 독일 등 동물권 운동이 비교적 활발한 나라에서는 지난 10년간 비건의 수가 폭발적으로 커졌습니다. 제가 영국에 체류했던 2015년만 해도 비건은 극소수였습니다. 2019년에 1퍼센트를 갓 넘기더니 2021년에는 3퍼센트로 올랐습니다. 베지테리언, 페스카테리언(육류는 먹지 않지만 해산물은 먹는, 부분 채식주의자) 같은 비건 지향인까지 포함하면 14퍼센트에 달합니다. 더 중요하게는 설문 응답자의 36퍼센트가 비건이 되는 것이 "훌륭한 일"이라고 답했습니다. 크리티컬 매스를 넘기고 있다고 봐야 합니다. 그래프가 기하급수적인 곡선을 그리며 치솟고 있습니다. 비건 지향인의 숫자가 일정 수준을 넘으면 비건이 되는 일이 급격히 쉬워집니다. 지금까지 한국에서는 채식을 실천하려고 했을 때 사회적인 제약이 큽니다. 회식 자리가 눈치 보이고 배달시켜 먹을 음식 옵션이 부족합니다. 그러나 크리티컬 매스를 넘기면 누구나 손쉽게 채식에 도전할 수 있습니다. 한국도 영국과 같은 변화를 몇 년 안에 맞이할 것이라고 확신합니다. 국내 비건 인구에 관한 정확한 통계는 없습니다. 채식주의자 수가 250만에 육박한다는 기사가 돌아다니지만 근거가 없습니다. 저의 짐작으로는 비건 지향인이 많아야 50만 정도이지 않을까 싶습니다. 중요한 것은 변화의 속도입니다. 매년 갑절로 늘어나고 있습니다.

변화를 이끄는 것은 MZ세대입니다. 기후생태위기를 체감

하며 가치 소비를 지향하는 우리. 하나뿐인 집, 지구에서 지속 가능한 삶을 간절히 바라는 세대. 모든 생명이 네트워크로 연결되어 있음을 자각하고 타자의 고통에 연대하려는 움직임. 저는 밀레니얼 세대의 일원으로서 Z세대인 십대 여러분에게 이 책을 바칩니다. 인권에서 동물권으로, 근대 문명에서 생태 문명으로 나아가는 역사적 과업은 우리 손에 달렸습니다. 동물을 살리는 일이야말로 지구를 살리고 인간을 살리는 일입니다. 동물권을 묻는 십대에게 저는 자신 있게 말씀드립니다. 공감의 울타리를 넓혀서 동물의 권리를 보장하는 것은 우리가 피할 수 없는 책임이자 역사적 흐름입니다. 커지는 변화의 물결에 함께해주세요. 여러분 한 사람, 한 사람의 선택이 비건 세상을 만듭니다.

채식주의자가 늘어나서 축산업에 대한 수요가 줄어든다면, 어떻게 될까요? 농장 운영이 더 이상 지속 가능하지 않습니다. 더 중요하게는 축산 피해 동물이 머물 곳이 사라집니다. 수익을 위해 끊임없이 강제 임신과 모성 착취를 반복하는 악순환을 끊어내면 새로운 개체가 탄생하지 않겠지만, 이미 태어난 동물의 안식처는 필요합니다. 현재 축산업계에서 소는 1년, 돼지는 6개월, 닭은 40일 정도 살다가 죽임을 당합니다. 자연 상태에서 소는 30년, 돼지는 15년, 닭은 5년 정도 살 수 있습니다. 축산업을 철폐하더라도 이미 태어난 생명은 돌보는 것이 지당합니다. 그러나 국가나 기업에 맡길 경우, 농장이 문을 닫을 때 동물을 도살장에 보내거나 안락사시킬 가능성이 압도적입니다. 동물권의 입장에서 용납할 수 없습니다. 축산 피해 동물에 대한 최소한의 안식처를 보장해야 합니다. 자연 수명을 다할 때까지 돌보고, 그들의 삶을 교훈 삼아 인간과 동물, 인간과 자연 간의 새로운 관계를 상상할 때입니다. 착취적이지 않은 공생, 공존의 공간을 꿈꿉니다.

해외에서는 그래서 동물 생추어리(sanctuary), 즉 보금자리가 생겨나고 있습니다. 전 세계적으로 2백 곳이 넘습니다. 주로 농장을 운영하던 사람이 업종을 전환하여 보금자리를 운영합니다. 죽이기 위해 키우지 않고 살리기 위해 돌봅니다. 제가 속한 동물권 단체 동물해방물결은 강원도 인제군에 국내 최초의 소 보금자리를 조성하여 운영하고 있습니다. 2021년, 인천의 한 불법 농장이 철거 위기에 처했습니다. 개와 소를 기르는 곳이었는데, 개들은 시민이 힘을 모아 구조했습니다. 하지만 소들은 갈 곳이 없었습니다. 꼼짝없이 도살될 위기였습니다. 전부 '젖소'라고 불리는 얼룩소, 홀스타인종 남성이었습니다. 동물해방물결은 모금 운동을 통해 소 다섯을 살렸습니다. 머위, 메밀, 엉이, 부들, 창포라는 이름을 붙였습니다. 들꽃과 들풀의 이름을 땄기 때문에 '꽃풀소'라고도 부릅니다. 개는 가정에 입양될 수 있고, 심지어 해외로 가기도 합니다. 하지만 소는 그럴 수 없습니다. 넓은 터전이 필요합니다. 소는 가축으로 관리되기 때문에 지방자치단체의 양해도 필수입니다. 동물해방물결은 전국을 수소문하다가 인제군 남면 신월리 '달 뜨는 마을'과 인연이 닿았습니다. 마을 한가운데 있는 폐교를 소 보금자리로 꾸미고 있습니다. 인구 소멸 위험 지역인 신월리는 청

년들이 좋은 마음으로 귀촌한다며 반겨줍니다. 사실 마을에는 소 농장을 운영하는 축산업자분들이 여럿 있습니다. 동물권, 비거니즘과는 거리가 있습니다. 하지만 동물을 살리는 일이 마을을 살리고 지구를 살린다는 뜻에 동의합니다.

저는 동물 농장 대신 보금자리를 만드는 일이 석탄 발전소를 없애고 태양광 발전소를 짓는 것과 같다고 생각합니다. 근대 문명에서 생태 문명으로, 지속 가능한 생명 공동체로 나아가는 과정입니다. 이번 마지막 장에서는 동물해방물결의 사례를 통해 보금자리의 필요성을 알아봅니다. 육식주의를 타파하고 채식주의를 설파하는 것이 동물권 운동의 전부가 아닙니다. 공장식 축산을 철폐하는 과정에서 발생하는 축산 피해 동물의 권리를 보장해야 합니다. 인간과 동물 간의 단절된 연결을 회복하고 종평등한 관계를 구축해야 합니다. 대표적으로 한반도에서 소는 반세기 전까지만 해도 인간의 가족이었습니다. 오늘날 개, 고양이처럼 소 역시 한 집에서 같이 먹고 자고 일하는 식구였습니다. 그러나 급격한 근대화와 산업화로 인해 소는 점차 사람에게서 멀어집니다. 저와 같은 MZ세대는 태어나서 살아있는 소를 거의 본 적이 없습니다. 죽은 소의 살과 뼈를 마트에서, 식당에서, 냉장고에서 접한 게 더 많습니다. 동물을 고기가 아닌 생명으로서 다시 마주하는 자리가 필요합니다. 보금자리는 축산 피해 동물의 안식처이자, 생명 평화 교육의 장으로 거듭날 것입니다. 소 축산업은 막대한 메탄가스를 방출하기 때문에 기후위기의 주범이기도 합니다. 청정에너지로의 대전환에서도 보금자리가 중요한 역할을 맡습니다.

사람이 쓰는 모든 에너지는 해님에서 옵니다. 핵발전은 예외입니다. 핵융합을 한다는 건 지구에 작은 태양을 짓는 일입니다. 하지만 석탄, 석유, 가스 등 화석 연료는 해님이 준 에너지를 땅 밑에 가둬두었다가 꺼낸 것입니다. 기후위기 대응은 에너지 전환이 핵심입니다. 화석 연료 대신 재생에너지를 써야 합니다. 해님에서 오는 에너지를 태양광, 태양열, 풍력, 수력, 지열 등의 다양한 형태로 받아 쓰는 게 목표입니다. 땅 속에 있는 걸 꺼내서 태우는 대신 태양의 기운을 직접 받는 게 좋습니다. 화석이라는 불필요한 중간 단계를 제거하는 것이 요즘 유행하는 'RE100(Renewable Electricity 100, 재생 전력 백 퍼센트)'의 골자입니다.

화석이 무엇인가요? 오래전 지구상에 살았던 생명체의 잔존물입니다. 동식물과 균의 사체가 썩은 것입니다. 고체는 석탄, 액체는 석유, 기체는 가스입니다. 전 세계 전력 생산의 60퍼센트 이상이 화석 연료에 의존합니다. 자동차와 비행기도 대부분 석유를 태웁니다. 우리는 사체를 태워서 빛을 밝히고 기계를 움직이고 있습니다. 현대인은 전기 먹는 동물입니다. 지금도 저는 이 책을 노트북으로 쓰고 있습니다. 제가 노트북에게 먹인 전기는 아마도 석탄이나 가스로 생산했을 것입니다. 대한민국의 신재생에너지(신에너지와 재생에너지를 합쳐 부르는 말로 신에너지는 연료전지, 수소에너지 등이 있고, 재생에너지는 태양광, 태양열, 바이오, 풍력, 수력 등이 있다)는 7퍼센트에 불과합니다. 결국 저는 화석을 태워서 글을 쓰고 있는 것입니다. 동물권을 위한 책을 쓰기 위해 오래된 동물 사체를 불태우는 꼴입니다.

우리는 언제부터 화석에 집착했을까요? 19세기 중반까지만 해도 서양인은 고래기름으로 불을 지폈습니다. 하지만 증가하는 수요를 감당하기에는 고래 숫자가 너무 적었습니다. 그런데 1859년, 미국 펜실베이니아에서 에드윈 드레이크가

수직 시추법을 개발했습니다. 땅속 깊이 파고 들어가 원유를 뽑아냈습니다. 이후 석유 산업은 폭발적으로 성장했습니다. 사람들은 고래기름 대신 등유로 밤을 밝혔습니다. 살아있는 생명을 죽여서 기름을 짜내는 대신 죽은 생명을 캐내어 기름으로 썼습니다. 그렇게 백 년 넘게 화석을 태우니, 공기는 더럽고 뜨거워졌습니다. 탄소로 된 유기체 찌꺼기를 신나게 하늘에 뿌렸으니 당연합니다. 화석 연료 기반의 산업 문명은 근본적으로 죽음에 빚지고 있습니다. 기후위기란 지하에 매장되어 있던 케케묵은 사체를 대규모 발굴해서 화장하다가 발생한 사태입니다.

참으로 꺼림칙한 에너지 생산 방식입니다. 누군가의 죽음을 이용해 나의 기운을 챙긴다는 것은 아름답지 않습니다. 물론 산 고래를 죽이는 것보다는 까마득한 옛날에 이미 죽은 화석을 쓰는 게 낫습니다. 그러나 갑자기 대량으로 연소하다 보니 우리가 죽게 생겼습니다. 지구 전체에 죽음의 그림자가 덮입니다. 기후위기를 해결하려면, 공기 중의 이산화탄소 농도를 줄이려면, 우리는 더 깔끔한 방식으로 기운을 얻어야 합니다. 직접 햇빛을 받거나, 바람과 물의 힘을 빌려야 합니다. 과거에는 식물이 아니면 햇빛을 곧장 에너지로 바꿀 수 없었습니다. 동물은 광합성을 할 수 없기 때문입니다. 그러나 이제 인간은 그럴 능력이 있습니다. 태양광 발전이 가능합니다. 굳이 수십, 수백만 년 된 동식물의 썩은 몸을 지상으로 소환할 필요가 없습니다.

화석 연료를 재생에너지로 바꾸자는 말은 여기저기서 많이 합니다. 그린 뉴딜, ESG(기업의 비재무적인 요소인 환경Environment, 사회Social, 지배 구조Governance를 뜻하는 말) 경영, 넷제로 2050(Net Zero by 2050, 2050년까지 온실가스 배출량을 0인 상태인 탄소제로 혹은 탄소중립 상태로 만드는 것), RE100 등의 주문을 다들 외고 있습니다. 쉽지 않지만, 인류의 미래를 위해 마땅히 해야 한다고 입을 모읍니다. 지속 가능한 사회, 생태 문명을 향한 대전환을 선언합니다. 전기 먹는 동물로서 계속 살아가기 위해 전기를 깨끗이 만들 궁리를 합니다. 수소 차, 전기 차를 보급하고 태양광, 풍력 발전소를 설치합니다. 기술 혁신으로 환경을 바꾸자고 외칩니다.

저는 이러한 주문이 얼마나 진실한지 의문입니다. 환경 문제는 환경을 바꾼다고 해결할 수 없습니다. 환경이 오염된 원인은 사람에게 있습니다. 사람이 바뀌어야 환경도 바뀝니다. 참된 변화는 밖이 아닌 안에서 비롯됩니다. 전기는 사람이 몸밖에서 쓰는 에너지입니다. 그렇다면 몸 안의 에너지는 어떨까요? 자동차나 노트북 같은 기계뿐만 아니라 인간도 작동하기 위해 에너지가 필요합니다. 사람이 몸 안에서 쓰는 에너지도 결국 해님에게서 옵니다. 20세기 중반까지만 해도 인류는 대부분의 에너지를 식물에서 얻었습니다. 하지만 공장식 축산이 도입된 후, 지금은 동물성 음식에 상당 부분 의존합니다. 전세계 농지의 80퍼센트가 축산업에 쓰입니다. 곡물 생산량의 절대다수가 가축 사료이기 때문입니다. 그럼에도 불구하고 동물성 음식은 전 인류 칼로리 공급량의 20퍼센트도 차지하지 못합니다. 너무나도 비효율적인 에너지 생산 방식입니다. 소고기 1킬로그램을 만들기 위해 옥수수 약 12킬로그램이 필요합니다. 육식이란 인간이 식물을 직접 먹는 대신 동물에게 식물을 왕창 먹이는 행위입니다. 에너지 전환 과정에서 화석 연료는 매연이 발생한다면, 가축은 분뇨를 배출합니다. 소의 똥과 방귀로 나오는 메탄은 이산화탄소의 30배에 달하는 온실효과를 일으킵니다. 그래서 비행기와 자동차를 포함하는 운송

수단 전체에서 방출되는 탄소량(약 15퍼센트)보다 먹거리에서 나오는 탄소량(약 20퍼센트)이 더 많습니다. 비건이 되는 것이, 탄소발자국을 줄이기 위해 개인이 할 수 있는 최선의 선택인 것도 바로 축산업의 이러한 비효율성 때문입니다.

현대인은 고기 먹는 기계입니다. 전 세계인이 한국인처럼 고기를 먹는다면 지구가 세 개 있어도 모자랍니다. 전기와 고기-오늘날 인간이 몸 밖과 안의 에너지를 충당하는 방식입니다. 둘 다 매우 근대적이고 산업화한 습관입니다. 사체를 불에 달궈서 사람의 기운으로 씁니다. 전기와 고기를 먹으며 더 크고 빠른 삶을 좇습니다. 죽임과 죽음의 메커니즘입니다. 안에서부터 바꾸지 않으면 바깥도 바뀌지 않습니다. 우리는 내면의 에너지를 얻는 법부터 다시 생각해야 합니다. 전기보다 고기를 먼저 재고해야 합니다.

물론 둘 다 안 쓰고 안 먹는 게 최선입니다. 비전화(非電化)와 비건(vegan)이 제일 깔끔합니다. 전 인류가 전기도 안 쓰고 고기도 안 먹으면 기후위기를 해결할 수 있습니다. 하지만 사람이 욕심을 못 버리는 게 문제입니다. 저부터도 고기는 전혀 안 먹지만 전기는 못 끊습니다. 석유 차는 안 타도 전기 차를 탑니다. 매일 노트북과 스마트폰을 충전합니다. 냉난방기를 돌리고 승강기를 탑니다. 전기를 줄일 수는 있어도 아예 끊기는 어려우니, 이왕이면 깨끗한 전기를 원합니다. 재생에너지로 자급자족하는 곳에 가면 기쁩니다. 대부분의 사람은 고기에 대해서도 그렇게 생각합니다. 고기를 줄일 수는 있어도 아예 끊기는 어려우니, 이왕이면 깨끗한 고기를 원합니다. 윤리적 비거니즘을 실천하는 사람에게는 거북할 수 있으나 그것이 아직은 안타까운 현실입니다.

저도 위에서 고기를 전혀 안 먹는다고 했지만, 엄밀히 말하면 사실이 아닙니다. 동물성 고기는 안 먹지만 식물성 고기는 가끔 먹습니다. 콩고기도 먹고 밀고기도 먹습니다. 요새 나온 비욘드 미트며 임파서블 푸드(이상 미국 대체육 브랜드), 언리미트와 고기대신과 위미트(이상 국내 대체육 브랜드)도 다 먹어봤습니다. 식물성 고기는 동물성 고기보다 윤리적·환경적으로 깨끗하다고 생각해서 먹습니다. 사실 고기 맛을 누리기 위해 동물을 죽일 필요가 없습니다. 전기를 쓰기 위해 화석을 태울 필요가 없듯이 말입니다. 대체육의 맛이 아직 '진짜 고기'보다 떨어지고, 가격이 비싼 것은 사실입니다. 태양광 발전 효율이 아직 낮은 것처럼 말이죠. 하지만 수요가 커지고, 연구 개발이 많아지면 금방 따라잡을 것입니다. 대체육은 반도체와 같습니다. 시간이 지날수록 기하급수적으로 맛있어지고 값싸집니다. 여기에 배양육까지 상용화하면 판이 뒤집힐 것입니다. 기존 대체육은 식물성 재료를 조립해서 동물성 고기의 맛을 흉내 낸 거라면, 배양육은 줄기세포로 실험실에서 기르는 '진짜 고기'입니다. 동물을 키워서 죽이지 않을 뿐, 동물성 고기입니다. 전통적인 방식으로는 농장에서 6개월 동안 돼지를 감금하고, 항생제를 투여하면서, 환경을 오염시키다 죽여야지만 고기를 얻을 수 있습니다. 하지만 배양육 기술로는 실험실에서 6일 만에 돼지고기를 만듭니다. 항생제도 필요 없고 똥오줌도 나오지 않습니다. 가장 중요한 것은 돼지의 고통과 죽음이 없다는 사실입니다. 사람들은 고기를 먹고 싶은 것이지, 동물을 죽이고 싶은 게 아닙니다. 전기를 쓰고 싶은 것이지, 화석을 태우고 싶은 게 아닙니다. 앞으로는 전기와 고기 모두 동물 사체에 의존해서 생산할 필요가 없습니다. 화석 연료가 아닌 태양광, 풍력 같은 재생에너지를 청정에너지라고 부릅니다. 배양육은 '클린 미트(clean meat)', 청정 고기입니다. 전기와 고기를 불필요한 중간 단계 없이 깨끗하게 생산하는 것이 에너지 대전환의 핵심입니다. 사람이 쓰는 몸 밖의 에너지와 몸 안의 에너지 모두 청정하게 바꿔야 합니다.

다시 말하지만, 전기도 안 쓰고 고기도 안 먹는 것이 가장 바람직합니다. 둘 다 없어도 잘살 수 있습니다. 하지만 전 인류가 비전화, 비건화되리라는 희망에 문명의 존속을 맡기기란 위험합니다. 전기와 고기를 깨끗이 바꾸는 운동이 불가피합니다. 탈석탄과 탈축산이 핵심입니다. 그런데 정부는 현재 전자에만 집중합니다. 이는 몸 밖의 에너지를 얻는 방식만 바꾸고 몸 안의 에너지를 얻는 방식은 그대로 두겠다는 뜻입니다. 진정한 변화는 안에서부터 비롯되어야 합니다. 탈석탄보다 탈축산이 우선입니다. 전기보다 고기를 먼저 바꿔야 합니다.

탈석탄과 탈축산 모두 정의로운 전환이어야 합니다. 석탄 발전은 기후위기의 주범이지만 탄광과 발전소 노동자의 잘못은 아닙니다. 공장식 축산은 인류 최악의 범죄이지만, 농장주와 도축업자의 잘못은 아닙니다. 그렇다고 소비자의 잘못도 아닙니다. 운동의 적은 사람이 아닙니다. 선량한 사람으로 하여금 사악한 행위를 하게 만드는 체제가 적입니다. 성장주의와 육식주의라는 이데올로기가 문제이지, 그것에 종사하는 사람이 문제는 아닙니다. 화석 연료 산업과 축산업을 종식하되, 산업 종사자들이 새로운 삶을 찾을 수 있도록 도와야 합니다. 그것이 전환을 앞당기는 방법입니다.

청정에너지를 보급하면 석탄 발전소가 쓸모없어지듯이 청정육을 보급하면 축산 농가도 대안을 찾아야 합니다. 이미 한국에서는 개 식용 산업이 그런 운명을 맞이하고 있습니다. 줄어드는 개고기 수요와 반려 동물에 대한 인식 개선으로, 개 식용 산업은 역사의 뒤안길로 사라지고 있습니다. 개 식용 산업 종식을 위한 사회적 논의 기구가 조성되고, 동물 단체와 육견 단체 간의 협의가 진행 중입니다. 업자들은 생계유지를 핑계로 10년에 가까운 유예 기간을 요구합니다. 동물권 단체로서 받아들이기 힘듭니다. 앞으로 소, 돼지, 닭 등의 식용 산업도 비슷한 전철을 밟을 것입니다. 동물 해방 운동은 이제 축산업의 정의로운 전환에 대해 고민해야 합니다. 모든 축산업자와 도축업자와 유통업자와 요식업자를 비건 산업으로 전환하려면, 대안적인 일자리 마련, 업계 종사자의 재취업 교육 등 현실적인 문제가 뒤따릅니다. 육식주의의 가장 큰 피해자는 당연히 비인간 동물이지만, 소위 '백정'으로 불리는 도축업자도 피해자입니다. '살처분'의 트라우마는 노동자의 몫입니다. 탈석탄만큼 탈축산도 정부 차원의 정의로운 전환을 요구합니다.

다른 게 있다면, 축산업은 노동자뿐만 아니라 피해 동물이 발생합니다. 산업이 종식되면 더 이상의 가축 생산도 없겠지만, 이미 태어난 동물은 어찌할까요? 축산 피해 동물에 대한 최소한의 보호책을 강구해야 합니다. 보금자리가 그래서 필요합니다. 탈축산을 위한 과도기적 장치입니다. 동물해방물결은 강원도 인제군과 협력하여 남면 신월리에 '해방촌'을 건립하고 있습니다. 인천의 한 불법 농장에서 구조한 소 다섯의 안식처를 조성하고, 폐교 건물에서 생명 평화 교육을 실시할 것입니다. 소를 스승 삼아 사람과 자연의 연결 고리를 회복하고자 합니다. 인제 해방촌은 동물 살림이 마을 살림으로 이어지는 곳입니다. 축산 농가가 있는 인구 소멸 위험 지역이 보금자리 사업을 통해 새로운 소득과 인구를 확보합니다. 소를 계속 키우되, 죽이지 않고도 돈을 벌 수 있는 방법을 제시합니다. 인제 빙어 축제도 기후위기로 인해 더 이상 지속 가능하지 않습니다. 인제 비건 축제가 대안입니다. 죽이는 축제 대신 살리는 축제로 지역을 살립니다. 동해물이 구조한 '꽃풀소' 다섯(머위, 메밀, 엉이, 부들, 창포)은 이제 3살입니다. 지구촌이 탄소 배출 제로를 목표로 하고 있는 2050년까지는 살 것 같습니다. 저는 그때면 환갑입니다. 신월리에 소 다섯이 들어가면, 청년 오십이 따라 이주할 것이고, 관계 인구 오백이 생겨날 것으로 내다봅니다. 마을에는 이미 태양광 발전소가 많이 들어섰습니다. 노년 인구가 대부분이기 때문에 힘든 농사일을 그만두고 수익성 높은 태양광 발전으로 전환한 것입니다. 머지않아 축산 농가도 보금자리로 바꾸리라 믿습니다. '하늘내린' 인제군답게 비건 음식 사업에도 관심이 많습니다. 청정 이미지에 맞는 미래 산업을 선도하려면 지금부터 투자해야 합니다.

전국의 지방자치단체는 인제군의 사례를 본받아 정의로운 에너지 전환을 위한 '해방촌' 건립을 추진하는 것이 바람직합니다. 화석 연료 산업을 종식하고 청정에너지 산업을 보급하듯이 축산업을 철폐하고 청정 먹거리 산업을 진흥해야 합니다. 축산업자가 원한다면 전업하여 보금자리를 운영하도록 지원하는 게 좋습니다. 해외에 있는 대부분의 보금자리는 원래 농장을 운영하던 사람이 주인입니다. 동물을 키워서 도살장으로 보내고 새끼를 치는 악순환을 반복하는 대신, 이미 태어난 동물만 평생 책임집니다. 죽이지 않고도 소득을 얻을 수 있다면, 누구나 그리할 것입니다. 축산업자만큼 동물과 가깝고, 동물을 아끼는 사람도 드뭅니다. 죽이는 게 좋아서 그 일을 하는 사람은 없습니다. 죽여야지만 돈을 벌 수 있다고 믿기 때문에 죽이는 것입니다. 마치 석탄을 캐서 태워야지만 전기를 만들 수 있다고 믿었기 때문에 그리했던 것처럼 말입니다. 하지만 이제 동물을 죽이지 않고도 소비자는 고기를 먹을 수 있으며, 생산자는 소득을 올릴 수 있습니다. 이 단순한 사실이 사회에 각인되는 순간, 지금처럼 동물을 죽여서 고기를 먹는 방식이 얼마나 구시대적이고 비효율적인지 깨달을 것입니다. 마치 통화하기 위해 공중전화 부스를 찾아 헤매던 때처럼 말입니다. 고작 10여 년 전 일입니다. 화석 연료와 가축은 전화선과 같이 불필요한 중간 단계입니다. 환경오염과 동물 학대 없이도 우리는 전기와 고기를 얻을 수 있습니다. 해님이 주는 생명의 에너지를 최대한 직접, 효율적이고 깨끗하게 받아 쓰는 것이 사람의 도리입니다.

이처럼 동물권 운동과 기후정의 운동은 긴밀하게 엮여 있습니다. 우리 MZ세대의 시대정신은 바로 기후생태위기 대응입니다. 인간 중심의 근대 산업 문명이 초래한 비극을 어떻게 헤쳐나가는가입니다. 인권에서 동물권, 생명권으로 나아가야 합니다. 화석 연료 기반에서 청정에너지로 전환해야 합니다. 무한 성장을 멈추고 지속 가능한 생명 살림 공동체를 만들어야 합니다. 탈중앙화, 지역 분산이 핵심입니다. 인제 '해방촌'은 이를 위한 작은 실험입니다. 백문이 불여일견. 백 번 읽는 것이 한 번 보는 것만 못합니다. 이 책을 끝까지 읽은 여러분을 '달 뜨는 마을' 신월리로 초대합니다. 살아있는 소의 눈을 마주하면 바로 느낄 수 있습니다. 동물 해방이니, 동물권이니, 비거니즘이니, 기후생태위기니 하는 논리는 결국 사람의 말에 불과합니다. 우리 집 강아지 왕손이 눈을 들여다보면, 누가 뭐라 해도 개고기를 먹고 싶지 않습니다. 개를 죽이는 일에 반대합니다. 마찬가지로 머위, 메밀, 엉이, 부들, 창포의 눈을 들여다보면, 소를 죽이는 일에 반대할 수밖에 없습니다. 그들도 나와 똑같이 느끼는 존재라는 사실을 부정할 수 없기 때문입니다. 우리 모두 지구라는 한집에 사는 식구라고 생각하면, 그들의 고통이 나의 고통이고, 그들의 죽음이 나의 죽음입니다. 반대로 동물을 살리는 일이 지구를 살리는 일이고 사람을 살리는 일이기도 합니다. 여러분은 하루 세 번, 끼니를 택할 때마다 생명을 죽일 수도 살릴 수도 있습니다. 나를 살리기 위해 다른 생명을 죽일 필요가 없습니다. 채식을 하기 위해서는 식물과 균을 죽이지 않아도 됩니다. 그들의 열매인 곡식과 과일과 버섯을 따서 먹으면 됩니다. 그것은 마치 식물과 균의 사랑을 받아서 퍼뜨리는 일과 같습니다. 모든 집안 살림이 생명 살림이자 지구 살림이기를 바랍니다.

2023년 3월
해방촌에서
전범선 모심